CHAMPFLEURY

LE
MUSÉE SECRET
DE LA
CARICATURE

PARIS

E. DENTU, ÉDITEUR

LIBRAIRIE DE LA SOCIÉTÉ DES GENS DE LETTRES

3, PLACE DE VALOIS, PALAIS-ROYAL

1888

LE MUSÉE SECRET

DE LA

CARICATURE

PAR

CHAMPFLEURY

PARIS

E. DENTU, ÉDITEUR

LIBRAIRIE DE LA SOCIÉTÉ DES GENS DE LETTRES

PALAIS-ROYAL, 15, 17 ET 19, GALERIE D'ORLÉANS

—

1888

LE MUSÉE SECRET

DE LA

CARICATURE

LE SULTAN

Marionnette de la troupe de Karagueuz
à Constantinople.

PRÉFACE

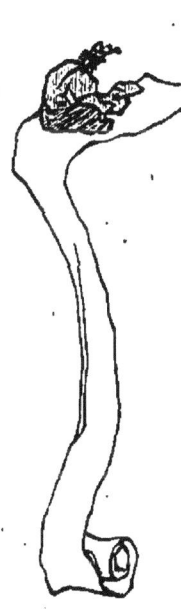

J'offre au public le sixième volume d'une série qui, dans ma pensée première, allait logiquement de l'histoire de la Caricature antique jusqu'à l'histoire de la Caricature moderne; mais, au terme de la route, j'ai été tenté par cet Orient mystérieux qui garde encore de nombreux secrets. Dire quelque chose qui n'avait pas été dit me poussait surtout, comme aussi écrire sur des matières très délicates à traiter.

Les érudits, les voyageurs avaient bien signalé certains personnages grotesques qui jouent le premier rôle dans ces études; mais ils les avaient considérés plus de profil que de face; même quelques-uns baissaient les yeux ou se voilaient la face en citant les exploits de ces fantoches outrageants pour la morale occidentale.

L'érudition n'a rien à voir avec de semblables timidités. Pour rendre une figure dans sa nudité de conception, une œuvre avec sa naïveté de terroir, il faut les analyser telles qu'elles se sont présentées à un peuple, dussent ses hardiesses choquer nos mœurs.

Le bon Galland qui, au xviiie siècle, rendit à la France le service d'interpréter les contes arabes en langage familier, serait aujourd'hui le premier à applaudir à la tentative d'un groupe d'érudits anglais qui récemment publiaient à Londres une traduction littérale des

Mille et une Nuits, sans craindre l'excessive licence que ces récits comportent. Sans doute les contes arabes arrangés par Galland ont fait les délices de millions d'enfants; ils ont jeté à pleine poignée la richesse d'imagination orientale et sont restés pour bien des esprits une amusante épopée à cent actes d'où se détachent des incidents dramatiques qui se casent à jamais dans le cerveau. La soif de savoir nous fait regretter toutefois qu'une traduction française littérale ne nous dévoile pas les ruses des femmes de l'Orient, leurs pièges tendus aux hommes, leur sensualité.

Il y a en littérature diverses morales : la morale de Rabelais, celle de Berquin. Je préfère la morale de Rabelais; aussi me suis-je peu préoccupé des reproches que les Géronte de la critique pourraient faire à ce livre.

Pourquoi?

A quoi bon?

Était-il nécessaire de, etc. sont des formules qui n'arrêtent que les esprits académiques.

La meilleure réponse est de tout dire sans intentions malsaines, d'exposer sa pensée avec un esprit chaste et des yeux curieux.

L'archéologue Paciaudi envoyant au comte de Caylus une statuette antique de Priape, lui écrivait : « Vous pourrez le publier avec de la modestie. »

L'origine de ces représentations populaires ne laisse-t-elle pas l'esprit à la recherche d'un problème? A l'aide du peu que nous savons, quoique ce peu manque de liens et d'attaches, qui sait si de semblables études ne pousseront pas à découvrir à travers les ombres du passé en Orient un culte grave des divinités génératrices, culte archaïque qui, ramassé par des bateleurs, leur a fourni un thème à d'équivoques facéties.

J'ai attendu quinze ans avant d'essayer de donner corps à des notes recueillies lentement; l'âge et la réflexion m'ont permis d'entreprendre une besogne que je me suis efforcé de rendre aussi scientifique que possible.

De même que les savants archéologues italiens qui prêtaient leur concours à la publication de l'ancien Musée secret du roi de Naples, j'ai jugé indispensable, comme dans mes précédentes publications historiques, d'y joindre un certain nombre d'images.

De même également que dans les ouvrages de cette série, ce livre, qui est un appel à toute la bonne volonté des érudits, sera certainement amélioré par la suite. J'ai trouvé jusqu'ici des lecteurs assez attentifs pour me pousser à remanier mon texte et à y ajouter le fruit des recherches actuelles. C'est ainsi que trois éditions successives de l'*Histoire de la Caricature antique* ont été revues avec soin et diminuées plus qu'augmentées. On les a augmentées par des représentations de monuments ; je m'empressais d'enlever les morceaux rendus caduques par les découvertes modernes.

Un éditeur, qui fut mon ami, M. Édouard Dentu, me laissait la bride sur le cou pour la correction de ces ouvrages ; j'étais encouragé dans mon excès de conscience par son frère, M. Gabriel Dentu, qui, pendant plus de vingt ans, a bien voulu remplir des fonctions semblables à celles que Henri Estienne demandait à ses reviseurs d'épreuves.

Dans un coin du magasin de la galerie d'Orléans, nous avons pu, éditeur, auteur et correcteur, réaliser en parfaite harmonie cette vie de collaboration intime que m'a rappelée, dans un voyage à Anvers, la vue des ateliers de la maison Plantin.

CHAMPFLEURY.

LE MUSÉE SECRET

DE LA

CARICATURE

CARAGUEUZ

I

CARAGUEUZ EN TURQUIE

« Qui veut connaître les Turcs ? Les voici bien différents de l'idée qu'on s'en est faite. C'est un peuple d'antithèses : braves et poltrons, actifs et paresseux, libertins et dévots, sensuels et durs, recherchés et grossiers, sales et propres, conservant dans la même chambre des roses et un chat mort.

. . . .

« Les Turcs ont quelques rapports avec les Grecs et beaucoup avec les Romains. Ils ont les goûts des uns et les usages des autres. Leurs ouvrages sont charmants, remplis de goût, et supposent des idées; quand ils en ont, elles sont fines et délicates... Ils sont graves comme les Romains et ne se donnent pas la peine de rire et de danser. Les uns et les autres ont des bouffons. »

C'est ainsi que s'exprimait sur la nation ottomane un aimable philosophe de la fin du siècle dernier[1]. Bien que l'opinion du spirituel diplomate dérange quelque peu le jugement que nous portons à la légère sur les Turcs, elle est juste toutefois, et les parentés de caractère de la race osmanli avec la race grecque et romaine ainsi que l'amour pour les bouffons, il n'est pas difficile de les montrer. On est même embarrassé par trop de preuves.

L'un des bouffons des Turcs en remontrerait à nos personnages plaisants modernes : Monsieur de la Palisse, Gribouille, Cadet-Rousselle, etc. ; le second sera étudié plus loin avec la prudence que commande un héritier qui, ayant trouvé dans la succession de Priape tout un arsenal d'armes offensives, en use et en abuse.

Le premier gausseur plus réservé, Nasr-Eddin, en qui s'est résumé l'esprit plaisant des Turcs, passe pour avoir exercé les fonctions de *hodja;* accomplissant dans les mosquées une mission sacerdotale

---

1. Lettres du prince de Ligne sur la dernière guerre des Turcs.

correspondant en quelque sorte à celles de nos prêtres, il pouvait au besoin rendre la justice ou enseigner à des élèves. Aussi, en raison de ses aptitudes diverses, la gamme des plaisanteries de Nasr-Eddin est-elle variée. Ce n'est pas seulement avec le peuple que le bouffon s'exprime en toute liberté ; il a son franc parler avec les souverains, les princes, ainsi qu'avec le cadi. Si Nasr-Eddin est amusant dans l'intérieur de son ménage, il faut le voir aux prises avec les enfants, les écoliers, et même il pousse la bonhomie jusqu'à s'entretenir plaisamment avec son âne et son bœuf.

Du volume qui est consacré à ses reparties, à ses finesses, j'extrais quelques facéties de la famille de celles que les paysans français se transmettaient jadis de père en fils, grâce aux almanachs, alors que *le Petit Journal* n'avait pas encore pénétré dans les campagnes.

Un soir le hodja s'en va puiser de l'eau au puits ; il y voit l'image de la lune, et, croyant qu'elle y est tombée : — Il faut, dit le bouffon, tirer la lune de là sans retard.

Nasr-Eddin prend alors une corde munie d'un crochet et la lance dans le puits. Elle s'accroche à une pierre. Il tire, la corde cède, le hodja tombe à la renverse et aperçoit alors la lune au ciel. — Dieu soit loué ! s'écrie-t-il, je me suis donné du mal, mais au moins la lune est remise à sa place.

Cette facétie ne ressemble-t-elle pas à celles dont

les gens d'un village français affublaient les paysans d'un bourg voisin pour leur faire pièce, à quelque grosse malice comme au xviiie siècle les plaisants de Dijon en contaient sur les habitants de Beaune? A Paris, l'histoire de la lune rentrerait dans l'ordre de naïvetés à la Jocrisse, à qui les peintres de 1850 donnèrent une nouvelle vie en le débaptisant pour l'incarner dans la personne de Calino.

Les Turcs sourient volontiers de la poésie ampoulée ou de celle à surcharge de couleurs; on le voit par l'historiette suivante :

Une nuit que le hodja était couché avec sa femme :
— Holà, femme, s'écrie-t-il, lève-toi et allume la chandelle que j'écrive un vers qui m'est venu à l'esprit.

L'épouse soumise obéit, allume la chandelle et donne à son époux l'encrier et le *qelam* (roseau à écrire).

Après que Nasr-Eddin a transcrit son vers, sa femme le prie de lui en donner connaissance.

— Voilà, dit le hodja :

Entre une feuille verte et une poule noire s'est placé un nez rouge.

La feuille verte, la poule noire, le nez rouge ! La raillerie ne tombe-t-elle pas en plein, à Constantinople comme à Paris, sur ces enragés poètes coloristes qui tiennent plus pour les mots que pour les sentiments, et qui supposant que le papier est une palette comme la plume est un pinceau, s'imaginent que le côté matériel des choses doit l'emporter sur le côté moral.

Une autre histoire de Nasr-Eddin ne manque ni de trait ni de finesse.

Un paysan arrive un jour chez le hodja et lui fait présent d'un lièvre. On le reçoit cordialement, et du lièvre on fait une soupe. La semaine suivante, des individus viennent solliciter l'hospitalité :

— Qui êtes-vous? demande le hodja.

— Nous sommes les voisins de l'homme qui vous a apporté un lièvre.

On les traite honorablement; mais à quelque temps de là une troupe de gens se présente encore :

— Qui êtes-vous? demande Nasr-Eddin à l'un d'eux.

— Nous sommes les voisins des voisins de l'homme qui vous a apporté un lièvre.

— Soyez les bienvenus.

Le hodja offre à chacun d'eux une tasse pleine d'eau claire. Les gens regardent avec étonnement leur hôte.

— Ceci, dit Nasr-Eddin, est la sauce de la sauce du lièvre.

Le conte suivant est d'un autre ordre : plus matrimonial et plus intime, il rappelle les pratiques de régularité d'alcôve qui ont excité la verve de Sterne dans le fameux premier chapitre du *Tristram Shandy*.

Un matin, le hodja et sa femme tombèrent d'accord qu'ils rempliraient le devoir conjugal tous les vendredis. La chose bien arrêtée :

— Comment, avec mes nombreuses occupations, dit Nasr-Eddin, me rappellerai-je ce jour?

— Chaque semaine, répond la femme, je mettrai ton turban sur la grande armoire; tu verras de la sorte que le vendredi est venu.

Certain jour, qui n'était pas un vendredi, la femme, ayant le diable en tête, posa, sans plus tarder, le turban sur l'armoire.

— Mais, dit le hodja, ce n'est point aujourd'hui vendredi?

— Si fait, répond la femme.

— Eh bien! réplique Nasr-Eddin, il faudra alors que, dans cette maison, du vendredi ou de moi, l'un attende l'autre.

Ces facéties du hodja sont réellement populaires chez les Turcs de toute classe; aussi en a-t-on donné mainte édition à Constantinople, à Boulaq, à Smyrne, et on les réimprime toujours, comme il n'y a pas encore cinquante ans on imprimait sans relâche dans la *Bibliothèque bleue* les *Facétieuses rencontres de Verboquet* et les *Propos gaillards du baron Grattelard*[1]. C'est la même veine, une sorte de courant semblable à celui que nous appelons « gaulois ».

---

1. Sur ces livres à l'usage des paysans voir Nisard : *Histoire des livres populaires*. Paris, E. Dentu, 1864. 2 vol. in-18.

Et maintenant ne sourions pas trop de la gravité des Turcs, de leur flegme, de leur kief, et ne nous représentons pas plus « avancés » que nous ne le sommes. A s'en rapporter à cette piste populaire, si simple et si naïve qu'elle paraisse, on pourrait presque constater que la Turquie est seulement en arrière d'un demi-siècle.

Mais si je consulte les proverbes de cette nation, je trouve à foison dans la race ottomane, dans le génie osmanli, des traits moraux dont quelques-uns sont empreints d'une profonde connaissance des hommes :

Demander à l'avare, c'est creuser dans la mer.

Ce qui croit vite meurt vite.

L'érudition n'est pas plus la science que les matériaux ne sont l'édifice.

Il y a des paroles qui ressemblent à des confitures salées.

Je ne sais rien, je n'ai rien vu ; voilà la meilleure des preuves.

Prends l'étoffe d'après la lisière et la fille d'après sa mère[1].

Ces proverbes, pour la plupart d'une haute moralité, n'ont pas certes la joyeuseté de ceux que débite Sancho Pança, et l'étranger qui les lirait ne se ferait pas une idée complète du caractère national ottoman, s'il n'y joignait le petit volume des plaisante-

---

1. Voir *Quelque six mille proverbes,* par le Père Ch. Cahier. Julien Lanier, 1856. In-18.

ries de Nasr-Eddin le hodja[1]; mais, outre l'amour de la bouffonnerie, les Turcs ont le sens du comique, du haut comique qui s'allie si bien avec la pénétration des choses, avec la gravité.

Qui possède plus ce sens que Molière dont certaines paroles frappent sur l'esprit du spectateur comme sur un timbre qui en redit l'éternelle vérité? Aussi est-ce à juste titre que les Turcs ont reconnu Molière comme type de ce profond bon sens des masses dans les nations civilisées. En traduisant Molière, les Turcs ont été les premiers du monde oriental à apprécier cette haute puissance intellectuelle. Et lorsqu'on s'inquiète de la race ottomane et qu'on veut pénétrer son esprit, n'est-il pas permis de regarder avec quelque orgueil national la comédie de *Sganarelle* et autres du même maître qui font circuler en Turquie l'esprit français dans ce qu'il a de sain, de sincère et de loyal?

1. Les *Plaisanteries de Nasr-Eddin Hodja,* traduites du turc par J. Decourdemanche. Paris, Leroux, 1876. In-18.

II

CARAGUEUZ

Croquis d'ensemble.

Il est un autre bouffon plus populaire encore que Nasr-Eddin. On l'appelle Caragueuz : en turc, *l'homme à l'œil noir.* Caragueuz ne perd pas son temps en ingénieuses reparties comme le hodja ; agissant plus que parlant, il est le personnage principal dans des baraques d'ombres chinoises où il remplit un rôle qu'on peut comparer à celui de notre triomphant Polichinelle ; mais à côté de Caragueuz, Polichinelle est naïf, et il faudrait mettre en regard quelques-unes des apostrophes gaillardes du libidineux Mayeux de la Restauration. Pour donner une idée complète des agissements de Caragueuz la langue latine est trop claire, la langue grecque manque de voiles et la langue turque devient nécessaire.

Ce bouffon, à qui j'essaye de faire les honneurs d'une monographie, ne le mérite guère quoique, la lance en arrêt comme un paladin entrant en lice, il chante sans cesse victoire. Aussi ai-je longtemps résisté à devenir son biographe (on le verra par la

Caragueuz.
D'après une marionnette de Constantinople.

date déjà ancienne de mes correspondances avec de savants orientalistes).

Il est des époques où le sadisme et le sotadisme, affichant presque publiquement leurs immondes principes, forcent les honnêtes gens à attendre qu'un pareil courant soit tari.

— Une idée morale s'échappe-t-elle des actes de Caragueuz?

— Caragueuz peut-il être considéré comme un personnage mythique?

— Un homme occupant d'importantes fonctions dans l'État se serait-il incarné, grâce à l'esprit populaire, dans une représentation de fantoche fictif?

— Quel intérêt l'érudition a-t-elle à exhumer un tel bouffon?

— Caragueuz compte-t-il des ancêtres?

— Lui connaît-on des émules, des similaires, des successeurs?

— Si Caragueuz a une importance quelconque, pourquoi la science a-t-elle attendu jusqu'ici pour retracer la vie, le caractère, les mœurs d'un être si dissolu?

— Caragueuz s'est-il amendé avec les progrès de la civilisation?

— L'esprit occidental peut-il aujourd'hui donner une idée des hardiesses du monde oriental archaïque?

Telles sont les questions que maintes fois je me suis posées avant d'ouvrir au bouffon les portes du Panthéon de la caricature que je m'étais juré de lui fermer au nez. Plus d'une fois je regardai, non sans appréhensions, le dossier de documents que j'avais recueillis depuis une dizaine d'années sur Caragueuz.

Poussé par les curieux à donner corps à ces études, je me décide aujourd'hui à jeter ma récolte dans le tonneau des Danaïdes de l'érudition ; elle disparaîtra avec tant d'autres si son passage ne vaut pas la peine d'être signalé.

III

ORIGINES DE CARAGUEUZ

Son nom. — Sa biographie.

Une des qualités indispensables au chercheur est de s'assurer tout d'abord des portes auxquelles il convient de frapper. On ne peut tout savoir ; il est même dangereux d'emmagasiner trop de documents dans le cerveau ; c'est un entassement d'où les faits ne sortent qu'avec peine. La modestie, la bonne volonté, valent mieux ; il est bien rare qu'en s'adressant à un véritable érudit, il ne s'empresse de partager la desserte de ses connaissances avec celui qui a vraiment à tâche de s'instruire.

C'est ce qui m'est arrivé dans ces études d'orientalisme où j'étais des plus novices ; mon désir à peine exprimé, divers savants sont venus à mon aide, et particulièrement M. A. Cherbonneau, alors directeur du collège oriental d'Alger [1], homme d'esprit, ce qui ne gâte rien même dans les matières ardues.

Appelé en Algérie depuis la conquête, curieux des usages et des mœurs populaires, M. Cherbonneau répondait on ne peut mieux à mes désirs. Une longue correspondance s'engagea entre nous, plus particulièrement en ce qui concerne Caragueuz et son théâtre à Alger ; mais de l'ensemble des lettres qu'on lira dans la seconde partie de cette étude se dégagent quelques notes intéressantes sur les origines du bouffon.

« Karakouche, dont le nom signifie, en langue turque, oiseau noir, est la caricature de Boha-eddine, l'un des principaux ministres du grand Saladin. Comment s'est-il fait qu'un personnage distingué par ses qualités administratives, investi de la préfecture du Caire et sincèrement dévoué à la gloire de l'islamisme pendant le cours de sa carrière, ait été travesti en fantoche grotesque ? Comment la parodie de ses actes publics, de sa gestion politique, a-t-elle pu donner lieu aux exhibitions obscènes qui égayent les soirées du Râmadan ? Le polygraphe Soyouthi nous le dit : Lorsque le sultan Saladin se rendit indépendant en Égypte, c'est-à-dire en 553 (de J.-C., 1175), il décréta que la capitale serait

---

[1]. M. Cherbonneau, mort il y a peu d'années à Paris, occupait une chaire à l'École des langues orientales.

défendue par une citadelle et une enceinte fortifiée. Le préfet, auquel incombait le soin de faire exécuter ces travaux, fut obligé de sacrifier tous les établissements compris dans le plan adopté. Des mosquées, des tombeaux, des maisons particulières tombèrent sous la pioche des ouvriers. On vit même une partie des remparts envahir les jardins de plaisance, chers aux habitants des villes. Si la destruction des sanctuaires et la profanation des tombes soulevaient l'indignation des âmes pieuses, le mécontentement des propriétaires ne connut plus de bornes. Les indemnités offertes par l'autorité supérieure représentaient à peine la valeur des matériaux. En présence de tant d'habitudes dérangées, de tant d'intérêts lésés, il fallait une vengeance.

« Les beaux esprits lancèrent des épigrammes en vers, se contentant de ridiculiser le préfet démolisseur. Mais le peuple alla beaucoup plus loin. Son imagination, sœur de la brutalité, métamorphosa le fonctionnaire abhorré en fanfaron cynique, et lui fit jouer le principal rôle dans un drame inepte.

« Telle est donc l'origine que l'on peut assigner aux farces de Karakouche, d'après le manuscrit arabe, intitulé : *El-Fachouche*[1]. »

Il me paraît utile, avant d'étudier la personnalité du bouffon, de bien fixer l'orthographe de son nom

---

1. Lettre de M. Cherbonneau. Alger, 16 février 1876.

pour le faire figurer sur les registres de l'état civil de la caricature.

Les auteurs anciens, les voyageurs l'écrivent tantôt *Caragoz, Caraguz*,[1] *Caragueuz* lorsqu'il s'agit du personnage à Constantinople ; en Algérie, on l'appellerait plus volontiers *Karakeuch, Karakouch, Garagouss,* et lui-même, M. A. Cherbonneau, varie sur l'orthographe du nom dans ses diverses lettres.

Je proposerai, afin de ne pas établir de confusion dans cette étude, d'adopter définitivement pour la Turquie l'orthographe de Caragueuz, qui est un nom composé de *gueuz* (œil), et de *cara* (noir).

Suivant une version qui se trouve citée dans l'*Histoire de l'Empire ottoman,* par de Hammer, ce fut sous l'administration de Hadj Aiwaz, vizir de Mourad II (Amurat II), c'est-à-dire à partir de l'année 1421, que s'introduisit dans le jeu des ombres chinoises, en usage parmi les Turcs, le rôle d'un personnage débitant avec emphase des vers persans et des tirades arabes : sorte de pédant, barbouillé de sentences, qu'on appela le philosophe comique. A côté de lui figuraient Caragueuz et

---

[1] « Caragoz ou Caraguz, en turc, *les yeux noirs,* surnom d'un Beghlerbeg de Natolie, que nos historiens appellent Laragossa, qui fut empalé auprès de Kutaige et de Cara Hissar, par Schah Culi, l'an 915 de l'hégire, sous le règne de Bajazet second, empereur des Turcs. » (D'Herbelot, *Bibliothèque orientale,* la Haye, 1767.)

Loblob, qui ont un air de famille avec Polichinelle et Arlequin.

Mon ami, M. Victor Langlois, le savant voyageur archéologue trop tôt enlevé à la science, m'écrivait de son côté :

« Voici une note sur l'origine du personnage de Caragueuz que je trouve dans un historien arabe : « Le ministre de Saladin (le célèbre sultan d'Égypte et de Syrie à l'époque des Croisades) avait nom Caragueuz. Ce ministre était le favori du sultan et occupa même la charge de grand vizir en Égypte. On lui attribue l'honneur d'avoir fait creuser le puits de Joseph et d'avoir élevé la citadelle qui a commencé l'enceinte du Caire. C'était un petit homme, bossu, grotesque. Son nom fut donné au personnage lascif et ridicule qui est le Polichinelle des musulmans, et dont la verve sert à égayer les badauds sur les places publiques. C'est le personnage le plus spirituel de la scène orientale, mais aussi le plus ordurier. »

De ces quelques documents, si peu concordants qu'ils soient, on peut inférer qu'un haut fonctionnaire, surnommé *Caragueuz*, en raison du développement de ses yeux noirs, fut mis très en vue par les actes de son administration en Turquie, et que le peuple en fit un personnage légendaire. Dans ce pays de beaux yeux, même chez les hommes, le grand dignitaire se faisait remarquer par un regard particulièrement brillant. Les masses se prennent à ces détails physiques. Peut-être, comme dans la version de Victor Langlois, le fonctionnaire avait-il l'esprit plaisant, fécond en reparties; peut-être était-il disgracié de la nature, une sorte d'Ésope dont la bosse faisait encore ressortir la malice.

Le peuple de tous les pays est curieux à suivre dans son travail de statuaire inconscient qui lui sert à modeler certaines figures. Ce sont des coups de pouce brutaux qu'il imprime dans l'expression de ses maquettes, naïves ou grotesques. Ces personnages, le peuple les déforme le plus souvent, on pourrait dire par *reconnaissance* de la gaieté qu'ils inspirent.

J'explique mon idée en prenant deux noms dont le premier se rapporte plus particulièrement au sujet actuel : Roquelaure et Marlborough. L'un passe pour un bouffon cynique, dont les aventures plus que gaillardes étaient consignées dans de petits livres à l'usage des laquais du xviiie siècle; ses récits, empreints d'un gros sel de cuisine, ont été dans la plupart des mains des paysans français, grâce à la popularité de la *Bibliothèque bleue*. Qu'était-ce en réalité que le duc de Roquelaure? Un officier supérieur réputé par sa bravoure. Lieutenant général, il fut blessé au siège de Bordeaux; le roi le nomma gouverneur de la Guyenne en 1676. Les chroniqueurs disent bien que ses coups de langue valaient ses coups d'épée; mais le peuple ne s'est préoccupé que de sa première qualité.

Lui aussi Marlborough fut un grand capitaine, un habile diplomate. Pendant trente ans, par de rudes croupières, il s'opposa aux conquêtes de Louis XIV. De ses actes, reste la ballade enfantine : *Mort et convoi de l'invincible Marlborough*. Gœthe, voyageant en France, parle avec impatience de cette

« Monsieur Malbrough est mort. »
D'après une assiette de Nevers de 1783.

rage de *mironton, ton ton mirontaine,* qui était revenue à la mode par la nourrice du Dauphin, au xviiie siècle, car les nourrices avaient conservé pieusement la ballade.

Jusqu'à l'âge de sept ans, et encore aujourd'hui,

l'enfant est élevé avec la complainte de Marlborough ; c'est un nom qui reste fixé pour la vie à ce tendre cerveau et que rien ne saurait effacer.

De tels exemples pourraient être cités à foison. J'estime que Caragueuz peut entrer, pour les mêmes raisons, dans la nécropole particulière qui contient les cendres de Roquelaure et de Marlborough. Combien de grands esprits ont-ils rêvé de figurer dans cet Élysée où l'arrivant est accueilli dès l'entrée par des personnages de bonne humeur ?

IV

LE RÉPERTOIRE DE CARAGUEUZ

à Constantinople.

J'arrive au chapitre le plus épineux de ma tâche, et je l'ai longtemps tenu en charte privée, craignant de ne jamais le traiter avec assez de délicatesse. Caragueuz est un abîme de perversités; aussi la plupart des voyageurs qui ont écrit sur la Turquie s'empressèrent-ils de côtoyer prudemment l'abîme. Attirés par un spectacle aussi étrange que certaines peintures licencieuses de vases antiques, si ces touristes ne détournaient pas absolument les yeux, leurs plumes se refusaient à analyser les farces dans lesquelles Caragueuz l'ithyphallique montre sa trop virile parenté avec les satyres escortant de nobles figures sur les vases à fond noir de la Grande Grèce.

Peut-être Caragueuz, dans l'origine, fut-il une sorte de symbole d'agent de la reproduction; comme Priape, peu à peu, il finit par tourner au grotesque, et son extravagant appareil masculin, dont il se montrait aussi vain que l'est un capitan espagnol de sa colichemarde, fut traité avec une irrévérence motivée par ses hâbleries de Falstaff.

Il faut mentionner toutefois que les bouffonneries de Caragueuz ne sont tolérées en Turquie qu'une fois par an, pendant les fêtes du Ramazan, c'est-à-dire après un mois de jeûnes et de privations de toute espèce.

Or, la nature reprend violemment tous ses droits après de telles abstinences, de semblables continences, et, sans remonter jusqu'à la fête de l'Ane en France, à cette messe burlesque qui se chantait au xvi° siècle dans les cathédrales et aux scènes licencieuses profanant les voûtes sacrées, tout voyageur qui s'est trouvé mêlé à une kermesse en Hollande n'a-t-il pas été étonné du dérèglement de mœurs qui, il y a une vingtaine d'années encore, se produisait en pleine rue ? L'homme, quoi qu'il fasse, tient de la bête ; à l'heure où le manque de compression des passions se fait sentir, ses appétits sensuels font éclater la chaudière. Peut-être pourrait-on expliquer ainsi l'excessive liberté momentanée laissée à Caragueuz par un peuple dont les quelques proverbes, cités plus haut, dénotent un fonds de haute morale.

J'ai lu au sujet de Caragueuz les récits des voyageurs, des hommes politiques et des poètes; autant qu'il m'a été possible, j'ai recueilli certaines observations d'écrivains étrangers; si les uns affichent une pruderie exagérée, les autres montrent plus de tolérance.

De l'ensemble de ces documents, j'ai extrait certaines pages les plus caractéristiques, laissant à chacun son opinion; je n'interviendrai dans le débat pour le résumer qu'avec des considérants discrets, après que le lecteur lui-même aura pris parti.

Alors que la plupart des orientalistes et des voyageurs reculaient à l'idée d'analyser le théâtre de Caragueuz, effarouchés par une virilité à la Gargantua, il était réservé à un humoriste français de saisir le phénomène par les cornes, de le dévoiler, de ne rien cacher, de tout dire et de ne rien dire qui pût blesser nos yeux non plus que nos oreilles; mais il fallait, avec une extrême souplesse de langage, une grande délicatesse de ton, et, grâce à Gérard de Nerval [1], nous possédons un Caragueuz presque complet, plus ingénieux que le grossier Ulenspiegel, et le bouffon par excellence d'une nation à qui, pour ma part, je ne fais pas plus un crime de sa populaire invention priapique, que je ne

---

1. *Voyage en Orient*, par Gérard de Nerval. Paris, Charpentier, 1862. 2 vol. in-18.

rends Louis XIV responsable des facéties gaillardes du duc de Roquelaure.

De même que Sterne, avec lequel il n'est pas sans certains rapports, Gérard de Nerval étudia la Turquie comme l'auteur du *Voyage sentimental* avait étudié la France.

Ne me parlez pas de ces écrivains descriptifs qui, d'un pays, ne voient que les murailles et en donnent des reliefs sans doute soigneusement travaillés, mais moins visibles qu'un croquis de peintre. Pour étudier un peuple, ses mœurs, ses coutumes, il faut s'être mêlé à la vie habituelle, y avoir aimé. La femme d'une nation étrangère en apprend plus que beaucoup de livres. Telle fut la façon de voyager de Sterne, telle celle de Gérard, et encore entra-t-il plus profondément dans la civilisation orientale que l'humoriste anglais n'avait pénétré dans la vie parisienne.

Dans son curieux livre sur la Turquie, Gérard, à l'affût des mœurs et usages populaires, ne pouvait oublier Caragueuz; sur ses actes répréhensibles il a jeté une gaze légère, et, quoique la citation soit développée, il est bon de la donner entièrement, car, à en changer les termes pour l'analyser, on risquerait de remplacer par de lourdes touches ce que le doux Gérard a rendu avec la bonhomie de La Fontaine.

C'est à Stamboul, pendant les fêtes du Ramazan, que l'humoriste vit jouer, sur la place du Sérasquier, la pièce annoncée au dehors par un transparent portant en grosses lettres :

CARAGUEUZ
VICTIME DE SA CHASTETÉ

Il y avait peu de femmes et d'hommes dans la baraque, mais beaucoup d'enfants de diverses con-

Musiciens de la troupe de Caragueuz [1].

ditions, amenés par des esclaves et des serviteurs.

La salle étant suffisamment garnie, des musiciens placés dans une haute galerie firent entendre une sorte d'ouverture. En même temps un des coins de la pièce s'éclairait tout à coup. Une gaze blanche transparente, encadrée d'ornements en festons, indiquait l'endroit où allaient se mouvoir les

[1]. Cette vignette et les suivantes sont des fac-similés réduits d'après des marionnettes turques.

ombres chinoises. Les lumières qui éclairaient d'abord la salle étant éteintes, un cri joyeux retentit de tous côtés lorsque l'orchestre se fut arrêté. Un silence se fit ensuite ; puis on entendit derrière la toile un retentissement pareil à celui de morceaux de bois tournés qu'on secouerait dans un sac. C'étaient les marionnettes qui, selon l'usage, s'annonçaient par ce bruit accueilli avec transport par les enfants.

« Aussitôt un spectateur, un compère probablement, se mit à crier à l'acteur chargé de faire parler les marionnettes :

— Que nous donneras-tu aujourd'hui ?

— Cela est écrit au-dessus de la porte pour ceux qui savent lire.

— Mais j'ai oublié ce qui m'a été appris par le *hodja*...

— Eh bien ! il s'agit ce soir de l'illustre Caragueuz, victime de sa chasteté.

— Comment pourras-tu justifier ce titre ?

— En comptant sur l'intelligence des gens de goût, et en implorant l'aide d'Ahmad aux yeux noirs[1].

— Tu parles bien, reprit l'interlocuteur ; il reste à savoir si cela continuera !

— Sois tranquille, répondit la voix qui partait du théâtre ; mes amis et moi nous sommes à l'épreuve des critiques.

---

1. Ahmad, nom familier que les fidèles donnent à Mahomet.

Après ce naïf prologue, l'orchestre reprit; puis fut ajustée derrière la gaze une décoration représentant une place de Constantinople, avec une fontaine et des maisons sur le devant. Ensuite défilèrent successivement un cavas, un chien, un porteur

Troupe de Caragueuz. Acteur habillé en danseuse.

d'eau et autres personnages mécaniques dont les vêtements avaient des couleurs fort distinctes, et qui n'étaient pas de simples silhouettes comme dans nos ombres chinoises.

Bientôt l'on vit sortir d'une maison un Turc, suivi d'un esclave, qui portait un sac de voyage. Il paraissait inquiet, et, prenant tout à coup une résolution, il alla frapper à une autre maison de la place en criant : — Caragueuz ! Caragueuz ! mon meilleur ami, est-ce que tu dors encore ?

Caragueuz mit le nez à la fenêtre, et à sa vue un cri d'enthousiasme résonna dans tout l'auditoire ; puis, ayant demandé le temps de s'habiller, il reparut bientôt et embrassa son ami.

— Écoute, dit ce dernier, j'attends de toi un grand service ; une affaire importante me force d'aller à Brousse. Tu sais que je suis le mari d'une femme fort belle ; je t'avouerai qu'il m'en coûte de la laisser seule, n'ayant pas grande confiance dans mes gens... Eh bien ! mon ami, il m'est venu cette nuit une idée : c'est de te faire le gardien de sa vertu. Je sais ta délicatesse et l'affection profonde que tu as pour moi ; je suis heureux de te donner cette preuve d'estime.

— Malheureux ! dit Caragueuz, quelle est ta folie ! regarde-moi donc un peu !

— Eh bien ?

— Quoi ! tu ne comprends pas que ta femme, en me voyant, ne pourra pas résister au besoin de m'appartenir ?

— Je ne vois pas cela, dit le Turc ; elle m'aime, et si je puis craindre quelque séduction à laquelle ma femme se laisse prendre, ce n'est pas de ton côté, mon pauvre ami, qu'elle viendra ; ton honneur m'en répond d'abord... et ensuite... Ah ! par Allah ! tu es singulièrement bâti !... Enfin, je compte sur toi.

Le Turc s'éloigne.

— Aveuglement des hommes! s'écrie Caragueuz. Moi! singulièrement bâti! dis donc: trop bien bâti, trop beau, trop séduisant, trop dangereux !

— Enfin, dit-il en monologue, mon ami m'a commis à la garde de sa femme ; il faut répondre à cette confiance. Entrons dans la maison comme il l'a voulu, et allons nous établir sur son divan... O malheur! Mais sa femme, curieuse comme elles sont toutes, voudra me voir... et du moment que ses yeux se seront portés sur moi, elle sera dans l'admiration et perdra toute retenue. Non! n'entrons pas... restons à la porte de ce logis comme un spahi en sentinelle. Une femme est si peu de chose... et un véritable ami est un bien si rare !

Cette phrase excita une véritable sympathie dans l'auditoire masculin du café; elle était encadrée dans un couplet, ces sortes de pièces étant mêlées de vaudevilles, comme beaucoup des nôtres.

Quant à Caragueuz, à travers la gaze légère qui fondait les tons de la décoration et des personnages, il se dessinait admirablement avec son œil noir, ses sourcils nettement tracés et les avantages les plus saillants de sa désinvolture. Son amour-propre, au point de vue des séductions, ne paraissait pas étonner les spectateurs.

Après son couplet, il sembla plongé dans ses réflexions. Que faire? se dit-il : veiller à la porte, sans doute, en attendant le retour de mon ami... Mais cette femme peut me voir à la dérobée par les *moucharabys* (jalousies). De plus, elle peut être tentée de sortir avec ses esclaves pour aller au bain... Aucun mari, hélas! ne saurait empêcher sa femme de sortir sous ce prétexte... Alors elle pourra m'admirer à loisir... O imprudent ami! pourquoi m'avoir donné cette surveillance?

Ici la pièce tourne au fantastique. Caragueuz, pour se soustraire aux regards de la femme de son ami, se couche sur le ventre, en disant : — J'aurai l'air d'un pont...

Il faudrait se rendre compte de sa conformation particulière pour comprendre cette excentricité. On peut se figurer Polichinelle posant la bosse de son ventre comme une arche, et figurant le pont avec ses pieds et ses bras. Seulement, Caragueuz n'a pas de bosse sur les épaules.

Passent une foule de gens, des chevaux, des chiens, une patrouille, puis enfin un *arabas* traîné par des bœufs et chargé de femmes. L'infortuné Caragueuz se lève à temps pour ne pas servir de pont à une si lourde machine.

Une scène plus comique à la représentation que facile à décrire succède à celle où Caragueuz, pour se dissimuler aux regards de la femme de son ami, a voulu *avoir l'air d'un pont*. Il faudrait, pour l'expliquer, remonter au comique des *atellanes latines*. Dans cette scène, d'une excentricité qu'il serait difficile de faire supporter chez nous, Caragueuz se couche sur le dos et désire avoir l'air d'un pieu.

La foule passe et chacun se dit : — Qui a planté là ce pieu ? il n'y en avait pas hier. Est-ce du chêne, est-ce du sapin ?

Arrivent des blanchisseuses revenant de la fontaine, qui étendent du linge sur Caragueuz. Il s'aperçoit avec plaisir que sa supposition a réussi. Un instant après, on voit entrer des esclaves menant des chevaux à l'abreuvoir ; un ami les rencontre et les invite à entrer dans une galère (sorte de cabaret) pour se rafraîchir ; mais où attacher les chevaux ? — Tiens, voilà un pieu ; et on attache les chevaux à Caragueuz [1].

Bientôt des chants joyeux, provoqués par l'aimable chaleur du vin de Ténédos, retentissent dans

---

1. *L'Intermédiaire des chercheurs et curieux* (25 avril 1886), à propos d'une question que j'avais posée relativement au pieu à tout faire de Caragueuz, répond : « Il court dans les ateliers d'artistes un récit très amusant d'un Marseillais qui, tombé à la mer à trois lieues du rivage, fait la planche, *pense à sa belle* et, se faisant de son mouchoir une voilure, aborde doucement, poussé par un vent favorable. » Il me paraît intéressant de montrer par un trait le chaînon qui relie le monde moderne au monde antique. Cette anecdote de Marseillais amoureux me rappelle une certaine lampe antique de la décadence romaine sur laquelle avait été modelé un sujet quasi-semblable. On sait que les sculpteurs de lampes en terre cuite, à l'usage sans doute des mauvais lieux, ne se piquaient pas de délicatesse. Un rameur dans son bateau a attaché sa voile à un mat, et ce mat est emprunté sans vergogne à l'*armeria* du vitupérant Priape.

le cabaret. Les chevaux impatients s'agitent. Caragueuz, tiré à quatre, appelle les passants à son secours et démontre douloureusement qu'il est victime d'une erreur. On le délivre et on le remet sur pied.

En ce moment, l'épouse de son ami sort de la maison pour se rendre au bain. Caragueuz n'a pas le temps de se cacher, et l'admiration de cette femme éclate par des transports que l'auditoire s'explique à merveille.

— Le bel homme ! s'écrie la dame ; je n'en ai jamais vu de pareil.

— Excusez-moi, *hanoum* (madame), dit Caragueuz toujours vertueux, je ne suis pas un homme à qui l'on puisse parler... Je suis un veilleur de nuit, de ceux qui frappent avec leur hallebarde pour avertir le public s'il se déclare quelque incendie dans le quartier.

— Et comment te trouves-tu là encore à cette heure du jour ?

— Je suis un malheureux pécheur... Quoique bon musulman, je me suis laissé entraîner au cabaret par des *giaours*. Alors, je ne sais comment on m'a laissé mort-ivre sur cette place... Que Mahomet me pardonne d'avoir enfreint ses prescriptions !

— Pauvre homme !... Tu dois être malade... Entre dans la maison, tu pourras t'y reposer.

Et la dame cherche à prendre la main de Caragueuz en signe d'hospitalité.

— Ne me touchez pas, *hanoum !* s'écrie ce dernier avec terreur... Je suis impur ! Je ne saurais du reste entrer dans une honnête maison musulmane ; j'ai été souillé par le contact d'un chien.

Pour comprendre cette supposition héroïque qu'élève la délicatesse menacée de Caragueuz, il faut savoir que les Turcs, bien que respectant la vie des chiens, et même les nourrissant au moyen de fondations pieuses, regardent comme une impureté de les toucher ou d'être touchés par eux.

— Comment cela est-il arrivé ? dit la dame.

— Le ciel m'a puni justement ; j'avais mangé des confitures de raisin pendant mon affreuse débauche de cette nuit ; quand je me suis réveillé là sur la voie publique, j'ai senti avec horreur qu'un chien me léchait le visage... Voilà la vérité ! Qu'Allah me pardonne !

De toutes les suppositions qu'entasse Caragueuz pour repousser les avances de la femme de son ami, celle-là paraît être la plus victorieuse.

— Pauvre homme ! dit-elle avec compassion ; personne, en effet, ne pourra te toucher avant que tu aies fait cinq ablutions d'un quart d'heure chacune, en récitant des versets du Coran. Va-t'en à la fontaine, et que je te retrouve ici quand je reviendrai du bain.

— Que les femmes de Stamboul sont hardies ! s'écrie Caragueuz resté seul. Sous ce féredjé qui cache leur figure, elles prennent plus d'audace pour insulter à la pudeur des honnêtes gens. Non, je ne me laisserai pas prendre à ces artifices, à cette voix mielleuse, à cet œil qui flamboie dans les ouvertures de son masque de gaze. Pourquoi la police ne

Femme de Stamboul cachant son visage. Marionnette de la troupe de Caragueuz.

-force-t-elle pas ces effrontées de couvrir aussi leurs yeux ?

Il serait trop long de décrire les autres malheurs de Caragueuz. Le comique de la scène consiste toujours dans cette situation de la garde d'une femme confiée à l'être qui semble la plus complète antithèse de ceux auxquels les Turcs accordent ordinairement leur confiance.

La dame sort du bain et retrouve de nouveau à son poste l'infortuné gardien de sa vertu, que divers contretemps ont retenu à la même place ; mais elle n'a pu s'empêcher de parler aux autres femmes, qui se trouvaient au bain avec elle, de l'inconnu si beau et si bien fait qu'elle a rencontré dans la rue. De sorte qu'une foule de baigneuses se précipitent sur les pas de son amie.

On juge de l'embarras de Caragueuz en proie à ces nouvelles Ménades.

La femme de son ami déchire ses vêtements, s'arrache les cheveux et n'épargne aucun moyen pour combattre sa rigueur. Caragueuz va succomber..., lorsque tout à coup passe une voiture qui sépare la foule. C'est un carrosse dans l'ancien goût français, celui d'un ambassadeur. Caragueuz se rattache à cette dernière chance ; il supplie l'ambassadeur franc de le prendre sous sa protection, de le laisser monter dans sa voiture pour pouvoir échapper aux tentations qui l'assiègent. L'ambassadeur descend ; il porte un costume fort galant : chapeau à trois cornes posé sur une immense perruque, habit et gilet brodés, culotte courte, épée en verrouil ; il déclare aux dames que Caragueuz est sous sa protection, que c'est son meilleur ami... Ce dernier l'embrasse avec effusion et se hâte de monter dans la voiture qui disparaît, emportant le rêve des pauvres baigneuses.

Le mari revient et s'applaudit d'apprendre que la chasteté de Caragueuz lui a conservé une femme pure. Cette pièce est le triomphe de l'amitié. »

V

SUITE DU RÉPERTOIRE DE CARAGUEUZ

Avant Gérard de Nerval, aucun écrivain n'avait donné d'analyses de scenarios du théâtre de Caragueuz ; c'est pourquoi il a fallu citer ce fragment de chapitre malgré son développement. En pareil cas les objurgations pudiques des voyageurs ne suffisent pas pour caractériser un tel personnage. Quand vous me parlez des libertés que prenait Aristophane avec son public, des scènes provocantes de *Lysistrata*, vous jetez le vague dans mon esprit, vous outrepassez le but en évoquant des visions aphrodisiaques. C'est là qu'au contraire triomphe l'humoriste ; grâce à la délicatesse de sa touche il dissimule, à l'aide de mots en apparence inoffensifs, les côtés scabreux d'un sujet qu'on eût pu croire inexprimable. On peut mettre le livre de Gérard sur l'Orient dans les mains d'une jeune fille ; un jeune homme lira le chapitre de Caragueuz sans que sa pudeur soit alarmée.

Non pas qu'il soit nécessaire de s'appesantir sur ces scènes ou de les donner comme modèles. Actuellement on a outrepassé le but; des natures grossières, spéculant sur le scandale, mettent en circulation des mots qui ne semblent jamais assez pimentés pour rendre d'obscènes situations. Une mode, dont heureusement se dégoûtera l'esprit français, quand le public aura reconnu que, sous prétexte de *documents humains,* des écrivains, sans respect de leur plume, battent monnaie en se fondant sur les instincts les plus bas de l'homme, et mettent de gros numéros voyants sur la couverture d'écrits qu'on pourrait appeler des romans de tolérance.

Caragueuz, tout lubrique qu'il soit, a pour lui une sorte de naïveté populaire orientale dont il faut tenir compte. L'exposer, ainsi que je le fais, en dehors du cadre des mœurs et des institutions turques, lui donne une saillie démesurée; aussi, M. Charles Rolland a-t-il pu dire[1]:

« Je viens d'assister à la représentation du Polichinelle turc, Caragueuz, l'*homme aux yeux noirs.* J'en suis sorti stupéfait, consterné, dirais-je, pour peindre mieux mes impressions. Sans doute, un vif intérêt

---

1. *La Turquie contemporaine. Hommes et choses,* par M. Ch. Rolland, ancien représentant du peuple. Paris, Pagnerre, 1854 In-8º.

m'attire vers toute cette scène révélant les secrets des mœurs indigènes, et je n'eus jamais occasion pareille de soulever des voiles qui se déroulent rarement devant des regards européns. Mais l'indignation a éteint en moi la joie de ma découverte, et j'aimerais mieux avoir continué d'ignorer l'absence de pudeur où végètent encore des millions d'âmes dans l'empire le plus civilisé de l'Orient.

« Si repoussant qu'il soit, il n'est pas permis cependant de passer, sans l'étudier à fond, devant l'excentricité d'un tel spectacle. Cette pièce consacrée par la tradition, ce mélange d'impudicité dégoûtante et de mordantes railleries, est presque la seule manifestation du génie populaire en Turquie, et son unique création théâtrale. Caragueuz, d'ailleurs, cette difformité d'âme et de corps, ce grotesque Ottoman au nez et au menton crochus, aux instincts immondes, cache sous son cynisme une étrange perspicacité pour deviner jusqu'où s'étend la gangrène sociale, une singulière audace pour la mettre à nu, une verve terrible pour la flétrir. Combien de littératures ennoblies plus tard n'ont pas eu des origines plus chastes! Qu'on se rappelle seulement, pour ne pas s'écarter de notre propre histoire, Rabelais et toutes les souillures où il a vautré sa fable philosophique et son langage, soit par goût, soit pour obéir à la nécessité de son temps. »

Au ton que prend M. Rolland avec Rabelais, on pressent une sorte de disciple de Lamartine qui n'admit que sur le tard, et alors que le chantre d'Elvire avait perdu toute autorité, la haute portée de certains chapitres du *Gargantua* sur l'éducation ; mais, comme le répertoire dramatique de Caragueuz ne renferme rien de pareil à ces admirables morceaux de Rabelais, on peut attribuer la virulente critique de M. Rolland à un sentiment d'excessive pudeur qu'un rien alarme.

Il est bon de dire qu'à son arrivée à Constantinople l'ancien représentant du peuple fut mis en relations, lors des fêtes officielles données par le sultan, avec Théophile Gautier, voyageant de compagnie avec Vivier, et qu'un personnage politique ne pouvait tomber sur deux plus dangereux cicerones.

Je pressens que le poète et le musicien se plurent à renforcer dans la chasteté de ses impressions M. Charles Rolland qui, n'étant pas de leur monde, devait être regardé par eux comme un simple Philistin.

C'est qu'ils ont leur façon de voir, de sentir, de s'exprimer, certains poètes, et surtout Théophile Gautier.

Quand il se trouvait en face de gens qu'il jugeait « candides », le poète prenait plaisir à égrener tout un chapelet d'énormités troublantes et sarcastiques qui semblaient faire corps avec une foi robuste ; il vous donnait à entendre que le marquis de Sade était « un pleutre arriéré », et il poussait à l'extrême ses hyperboles, semblables à celles de nos enragés clubistes déclarant, sans sourciller, que Marat lui-même doit être considéré aujourd'hui comme un « bourgeois ». Excité d'ailleurs par la présence du musicien Vivier, le dernier mystificateur de notre époque, Théophile Gautier dut se complaire à troubler profondément la conscience de l'honnête représentant du peuple, qui crut avoir affaire à deux échappés de Sodome et de Gomorrhe.

Quelques jeunes Levantins avaient proposé à M. Rolland d'assister avec eux à cette comédie nationale dont, à s'en rapporter au voyageur, la police éloigne les chrétiens et surtout les étrangers[1]. Vers dix heures un soir, la tête couverte de fez et sous l'apparence de phanariotes[2] attardés, M. Charles Rolland et ses compagnons se firent mener par un caïck à l'une des portes de la ville turque, fermée de nuit aux habitants de Péra. Les gardiens, trompés par le costume, laissèrent passer les voyageurs sans obstacle. Quelques minutes après, guidés par une musique de fifres, de tambourins et de guzlas, ils pénétraient dans une sorte de restaurant-café, servant d'antichambre à la salle plus vaste de la représentation. Mal éclairée par des quinquets fumeux, celle-ci avait des gradins dans le fond, et sur le de-

1. Je n'ai lu dans aucun récit de voyageurs trace de pareille défense.
2. Habitants d'un quartier de Stamboul, peuplé de Grecs, qui s'appelle le Phanar.

vant des tabourets de bois et quelques chaises. Une soixantaine de personnes, dont moitié au moins se composait de petits garçons et de petites filles de six à dix ans, attendaient impatiemment qu'on achevât les préparatifs du spectacle.

« Bientôt la pièce commença, et mes compagnons me la traduisant phrase par phrase, je n'en perdis presque pas une parole.

« Dans un art si primitif, la loi des gradations ne saurait être observée. Du premier mot, l'auteur arrive au fait et mène rondement son intrigue. Caragueuz, en entrant en scène, chante les joies de l'amour, mais de l'amour tout matériel, et avec des détails techniques à scandaliser les plus tolérants. Puis, ses couplets finis, surviennent tour à tour diverses femmes qui se promènent : le harem d'un pacha, l'épouse d'un négociant, celle d'un saraf arménien, celle d'un laboureur, la fille d'un uléma. A leur aspect, le luxurieux s'enflamme ; ses appétits brutaux se manifestent avec une évidence malhonnête qui met en joie toute l'assistance, même les plus petits enfants. Caragueuz essaye successivement de séduire chacune de ces belles ; et après plus ou moins de feintes indignations, d'objections qui se radoucissent, de pourparlers où l'on décoche maint sarcasme lascif, toutes, hélas ! finissent par capituler et consentir. Seulement, elles font leur prix ; et quand le tentateur avoue n'avoir pas un para, elles s'éloignent en colère, ou même lui font des niches de telle nature qu'il est impossible de les raconter.

« Rebuté de la sorte et d'autant plus affriandé, Caragueuz tâche de se consoler en se prouvant, dans un long monologue, à l'aide d'une foule de comparaisons bouffonnes, qu'il n'y a guère de distance de la brioche au pain bis, et que toutes les femmes se valent. Là-dessus il va frapper à la porte d'un lupanar. Arrivant les mains vides, il n'y est pas mieux accueilli : malgré ses prières, ses promesses et ses ruses, on le chasse nombre de fois. A la fin il se fâche et veut forcer la porte; mais on lâche sur lui un gros chien qui, dans un combat grotesque, le fait eunuque d'un coup de dent et s'enfuit. Atterré par son infortune, voilà le tapageur contraint, pour rattraper ce qu'il a perdu, d'accepter le rôle de pourvoyeur de la maison.

« Alors s'ouvre la contre-partie de la revue féminine, et cette seconde moitié du drame est d'un comique bien supérieur à tout ce qui a précédé. Caragueuz va solliciter, les uns après les autres, un pacha, un uléma, un banquier, un négociant, un militaire, un derviche, un juif, un chrétien, un portefaix, etc. Tous résistent d'abord, et après les grandes raisons vagues tirées de la morale objectent leurs vrais motifs. C'est une curieuse satire du caractère typique des castes et des professions. Le pacha parle de sa dignité, l'uléma de sa considération, le banquier de son crédit, le juif suppute la dépense, et le marchand les risques qu'entraînerait la satisfaction de leurs vices. Rêvant d'autres voluptés, le derviche méprise de si vulgaires plaisirs. Peu à peu cependant les scrupules fléchissent devant l'éloquence burlesque, les paradoxes, les tableaux érotiques que

Riche Turc de la troupe de Caragueuz.

déroule le séducteur : chacun se décide en se donnant à soi-même les justifications les plus burlesquement sophistiques. A la fin le lupanar se trouve rempli, et une dernière scène, scène muette et hideuse d'impudeur, montre l'intérieur des appartements. L'on retrouve tous les personnages contentant la passion qui les a conduits, et Caragueuz, restitué dans son premier état en récompense de ses services, remplissant les fonctions d'un Priape musulman. »

En lisant cette analyse, on comprend « l'utilité » du bon écrivain, les ressources du vocabulaire dont il dispose, la finesse et la variété des tons de sa palette ; c'est ce qui appelle au premier rang Gérard de Nerval l'humoriste, quand M. Charles Rolland l'économiste se traîne un peu lourdement à l'arrière-garde.

Gérard se garde bien d'effaroucher tout d'abord son lecteur en lui disant qu'il va l'entretenir de scènes scandaleuses « impossibles à raconter ». Avec bonhomie il entre dans son récit, sans trop appuyer. Sa plume ne fait qu'effleurer le sujet; celle de M. Charles Rolland, insuffisamment taillée, crache des invectives. L'auteur de *la Turquie contemporaine* ne semble pas se douter qu'il est des scènes, non pas impossibles, mais difficiles à bien raconter. Il emploie les mots sans les habiller suffisamment, et c'est pourquoi son analyse devenant forcément crue par un manque d'équivalents qu'aurait pu lui fournir l'étude des bons auteurs, il éprouve quelque honte à raconter les dévergondages de Caragueuz ; et, à son point de vue, il a raison.

« Je ne suis pas d'une vertu bien farouche, ajoute le voyageur ; mais j'avais le cœur soulevé. Ce qui m'affectait surtout, c'était de voir flétrir prématurément à ces turpitudes la chasteté, la sainteté de l'enfance. Ainsi, dans une contrée si religieuse et si morale à certains égards, des parents laissent, sans prendre garde, déflorer à huit ou dix ans l'imagination de leurs filles, la sainte ignorance s'envoler de leurs âmes, et peut-être la dépravation pousser ses premiers germes sous les excitations qui doivent naître de telles précocités! Je sais que ces funestes représentations durent seulement un mois par année; c'est un plaisir de carnaval. Mais faut-il donc au poison tant de temps pour pénétrer tout l'organisme? »

On a parfois posé la question, à savoir si l'enseignement de Polichinelle jadis, de Guignol plus populaire aujourd'hui, n'a pas une conséquence fâcheuse sur l'entendement de l'enfant qui apprend, devant les baraques des Champs-Élysées, des choses que la morale réprouve, que le Code défend.

Caragueuz semble autrement dangereux que nos grotesques français. Devant un public presque entièrement composé d'enfants, il se livre à de telles énormités qu'on se demande quelle idée peuvent en garder plus tard ces enfants devenus hommes.

J'admettrai volontiers, pour ma part, que l'excessif et l'énorme, avec leurs proportions gigantesques, sont loin d'offrir le même danger que le réel et le simple. Si la diminution infinitésimale des choses fait paraître les êtres sans importance, le grandissement démesuré les classe dans des régions fantastiques échappant à la fois aux lois de la nature et de l'art. L'homme, vu du haut d'un clocher de cathédrale, n'a guère plus de surface qu'une fourmi ; une puce prend des proportions d'éléphant, par la puissance du microscope.

C'est par l'effet du même grandissement moral que Polichinelle peut battre sa femme, assommer le commissaire, rouer de coups les gendarmes et pendre jusqu'au diable qui apportait sa potence vengeresse pour y accrocher le bouffon subversif. Ainsi, pour Caragueuz ; ce personnage à l'œil noir (on est tenté de l'appeler l'homme à la carabine) peut fusiller à sa manière hommes, femmes, enfants, juifs et juives, gens du commun et gens au pouvoir. L'enfant pressent que « tout cela n'est pas vrai ». Et ce renversement des choses naturelles, l'enfant en a ou en aura la conscience, rien qu'en regardant autour de lui dans la rue, dans la maison. Polichinelle peut continuer ses exploits dans le jardin des Tuileries ; Caragueuz, faire montre de prouesses dans les faubourgs de Constantinople : ni l'un ni l'autre de ces fantoches ne me semblent plus dangereux que Scapin rouant de coups Géronte dans son sac.

Théophile Gautier assista, à la même époque où M. Charles Rolland écrivait ses impressions, à une représentation classique des exploits de Caragueuz qui avait lieu à Top'hané, dans l'arrière-cour d'un café.

« La cour était remplie de monde. Les enfants et surtout les petites filles de huit à neuf ans abondaient. De leurs beaux yeux étonnés et ravis, épanouis comme des fleurs noires, elles regardaient Caragueuz se livrant à ses saturnales d'impuretés et souillant tout de ses monstrueux caprices. Chaque

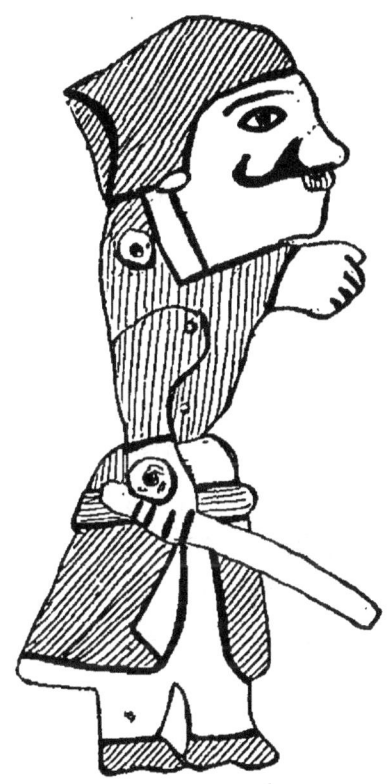

Troupe de Caragueuz. Cavas (gendarme).

prouesse érotique arrachait à ces petits anges, naïvement corrompus, des éclats de rire argentins et des battements de mains à n'en pas finir. »

De cette description, j'enlèverai volontiers la qualification de « naïvement corrompues » appliquée aux petites filles. L'Orient, peut-être en raison du climat, laisse tomber tous les voiles ; l'Occident les remplace par une feuille de vigne. Cette précaution, que la morale revendique de temps en temps, que l'art enlève quand il peut triompher de son adversaire, a paru à quelques esprits plus attirante pour le regard qu'utile. Aussi le plus hardi des philosophes du dernier siècle, Diderot, faisait-il apprendre à sa fille l'anatomie sans cacher la forme des appareils générateurs et leur rôle.

Les gros mots du XVII° siècle, employés par la société polie du temps, ont été chassés des dictionnaires modernes. L'adultère ne se dresse-t-il pas redoutable et amer dans tant de ménages modernes?

Ce n'est pas que j'appelle les débuts de Caragueuz dans la baraque de Guignol aux Champs-Élysées. Il amuse les peuples orientaux, et, le premier moment de surprise passé, il paraîtrait sans doute naïf aux Parisiens ; mais je crois que son caractère ityphallique est singulièrement modifié par des représentations traditionnelles et que le grotesque qui y est attaché en atténue le relief choquant. A juste titre Théophile Gautier reconnaît que ces fantaisies déréglées ne sont pas dangereuses et s'évanouissent comme des ombres quand on éteint le lampion de la baraque.

« La pruderie moderne, dit le poète, ne souffrirait pas qu'on essayât de rendre compte de ces folles atellanes, où les scènes lascives d'Aristophane se combinent avec les songes drôlatiques de Rabelais ; figurez-vous l'antique dieu des jardins habillé en Turc et lâché à travers les harems, les bazars, les marchés d'esclaves, les cafés, dans les mille imbroglios de la vie orientale et tourbillonnant au milieu de ses victimes, impudent, cynique, et joyeusement féroce. On ne saurait pousser plus loin l'extravagance ityphallique et le dévergondage d'imagination obscène. »

Un archéologue connu par ses recherches scientifiques et les intéressantes figurines que l'un des premiers il rapporta de Tanagra, M. O. Rayet, a fait la remarque, qui jusqu'alors avait échappé aux érudits, que les figurines grotesques ou obscènes se trouvent surtout dans les tombeaux d'enfants. La joie, la gaieté, privilèges de l'enfance, n'étaient pas repoussées par les Grecs, même quand elles s'alliaient à la représentation des organes de la génération, modelés dans un sens exagéré[1].

M. Charles Rolland n'a pas songé à ces faits qu'un archéologue trouve dans son ardente curiosité de toutes choses. La morale de l'homme politique consiste en prohibition, en indignation ; trop dure pour la Turquie moderne, elle me paraît dépasser le but.

« Instruit par ce que je viens de voir, et c'est là le

---

[1]. Je n'ai pas sous les yeux le texte du savant professeur de la Bibliothèque nationale ; je me rappelle, d'après une note seulement, que M. Rayet, signalant chez les Grecs l'étrangeté de l'obscène, s'appuyait sur les représentations licencieuses de Caragueuz auxquelles assistaient les femmes et les enfants.

principal bénéfice de ma soirée, j'apprécie mieux encore l'œuvre des réformateurs qui ont ouvert un théâtre à Péra. Je comprends enfin quelle est la portée civilisatrice des encouragements donnés par Abdul-Medjid aux acteurs européens, et comment il s'efforce, par l'initiation à un art plus élégant et plus pur, de détourner les Osmanlis du seul divertissement scénique qu'ils aient connu jusqu'ici. Puisse réussir une si louable entreprise ! A mon sens, le jour où le dégoût public aurait proscrit Caragueuz, un germe de mort serait extirpé du sein du peuple ottoman. »

N'est-il pas excessif d'envisager Caragueuz comme le « germe de mort d'une nation » ? Une portée si profondément morbide doit-elle être attribuée au bouffon ? J'insiste là-dessus, et je ferai remarquer qu'en Turquie on n'adore pas les attributs de Caragueuz comme dans les villages français, il n'y a pas longtemps, les paysannes superstitieuses adoraient ceux de saint Phal, dans la Côte-d'Or ; ceux du fameux saint Guignolet dans le Berry[1].

Quand les petits poètes grecs criblaient d'épigrammes Priape, on put se dire que le dieu avait fait son temps, et que bientôt ses autels disparaîtraient sous les ronces. Caragueuz, amoindri, se transformait déjà à l'époque où Gérard de Nerval faisait sa tournée d'Orient. Un autre voyageur a

---

1. Voir aux Appendices pour ces curieux détails.

montré Caragueuz encore quelque peu lubrique, mais faisant tourner cette lubricité à la satire des mœurs.

« J'ai vu maintes fois ce fantoche pendant le long séjour que j'ai fait en Syrie et en Turquie, et j'avoue, à ma honte, que ma pudeur n'a pas été effarouchée par les saillies et les lazzis de ce drôle. Je regrettais même vivement d'être loin de tout comprendre.

« En pays turc, Caragueuz est Turc; en pays arabe, il est Arabe; mais partout son genre d'esprit est le même : et c'est dans ce genre que l'impresario brode et improvise.

« A Constantinople, Caragueuz était très hardi. On en jugera par le trait suivant, bien connu du reste : Caragueuz jouait devant de hauts fonctionnaires. Il dialoguait avec son âne à la porte d'un beau jardin où n'entraient que quelques privilégiés. Il voulut être un de ceux-là, et se mit en devoir de tirer son âne par la bride. Résistance de la bête. « Attends, attends, dit Caragueuz, *je vais te montrer comme on avance en Turquie.* » Et, se mettant derrière le baudet, il le poussait de la façon que vous savez. On prétend que, à cette *saillie,* les hauts fonctionnaires ne rirent que du bout des dents [1]. »

Une autre réplique aux arguments trop sévères et trop généralisateurs de M. Rolland, je la trouve encore dans l'opinion de l'érudit le plus distingué de

---

1. L'*Intermédiaire,* 10 juillet 1876.

la Suisse actuelle; les hardiesses du bouffon ne démontaient pas M. Gustave Revillod qui, grâce à ses études sur les réformateurs du xvie siècle, jugeait avec un véritable sentiment philosophique les prouesses du drôle.

C'est à Ismaïlia que le savant lettré vit une représentation de Caragueuz[1].

« La foule indigène est plus pressée qu'ailleurs et les rires des spectateurs annoncent que, sous cette tente, il doit se passer une scène burlesque... On rit; j'aperçois un homme nu jusqu'à la ceinture, poursuivant une danseuse, son tambourin à la main, à peu près comme les Romains représentaient le dieu Pan poursuivant la nymphe Syrinx; c'est le Polichinelle arabe. Quoi d'étonnant à ce que la foule prenne à tous ces tours un si joyeux intérêt! Vous me permettrez cependant de ne pas m'appesantir sur ce sujet : les scènes que nous allons avoir sous les yeux sont d'une crudité telle qu'elles ne seraient pas souffertes en Europe, et que le récit même en est impossible.

« J'entendis des Européens, peu au fait des mœurs de l'Orient, parler avec une indignation extrême de ce spectacle, particulièrement aimé du peuple arabe.

« — Mais vous n'avez donc jamais lu nos vieux chroniqueurs? leur répondis-je. Vous ne savez pas que

---

1. G. Révillod, *De Genève à Suez; Lettres écrites d'Orient.* 1 vol. gr. in-8o, Genève, 1870.

dans leur langage naïf ils peignaient ce qu'ils voyaient; et, en quoi les mœurs de nos pères, avant la Réformation, différaient-elles de celles des Arabes d'aujourd'hui? Notre vieux Bonnivard ne raconte-t-il pas comme une chose fort naturelle des représentations dans les rues de Paris[1], sous François Ier, auxquelles celles du camp d'Ismaïlia n'avaient rien à envier. »

1. Pour les détails de ces représentations voir mon *Histoire de la Caricature sous la Réforme et la Ligue.* Paris, Dentu, 1880. In-18.

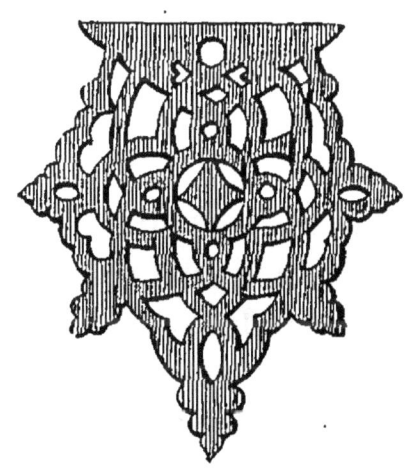

VI

MARIONNETTES DE CARAGUEUZ

A Stamboul, près du bazar des libraires, quelques marchands ont pour spécialité de vendre de petits livrets du répertoire de Caragueuz; à ce commerce ils joignent les personnages de la comédie qui y figurent.

Il y a une quinzaine d'années, les marchands de Caragueuz se tenaient au Tarouq-bazar sous des arcades entourant la mosquée du sultan Bayezid.

A cette époque, M. Baligot de Beyne eut l'obligeance de me faire venir de Constantinople la troupe tout entière de pantins, semblable à celle qui est appelée à donner des représentations de jour dans les harems, devant les femmes et les enfants, grâce au concours d'esclaves qui ont appris les livrets par cœur.

Cette troupe est composée de personnages en carton découpé, articulés à l'aide de fils qui mettent en mouvement les bras, les jambes, les têtes. Peints de couleurs voyantes, ils font penser aux jouets à bas prix que les camelots parisiens vendent au jour de l'an sous les portes cochères. Que ceux qui aiment les tons affadis ferment les yeux devant ces pantins. Les figures sont blanches, les barbes, les sourcils et les yeux noirs, les habits bleus, jaunes, roses, et verts comme dans la nature[1]. Un effroi pour les civilisés, un régal pour les yeux d'enfants qui, n'étant pas corrompus par le *veule* des colorations rompues, s'en tiennent aux bluets et aux coquelicots des champs, aux blés dorés s'épanouissant au bord des chemins verts: Palette simple et harmonieuse qui n'a rien à voir avec celle de l'École des beaux-arts.

Il ne faut pas moins d'une cinquantaine de personnages pour que le tableau de la troupe soit complet. Caragueuz y figure en première ligne avec Hadji-Aivar, son confident. Puis vient le sultan monté sur un cheval richement harnaché.

Méhémet-Ali éprouvait, dit-on, devant la baraque de Caragueuz les mêmes jouissances que certains esprits philosophiques ont trouvées de tout temps à regarder les exploits de Polichinelle ; aussi le sultan laissait-il toute liberté aux propos du bouffon, et c'est pourquoi sans doute la marionnette, caractérisant le chef de la nation osmanli, offre une envergure majestueuse et pleine d'apparat.

---

1. Voir la figure coloriée du frontispice.

Des amoureux tenant à la main des bouquets destinés à de mystérieuses beautés, de jeunes *softa* (étudiants en théologie) donnent, par leur costume, l'idée d'un peuple qui tient à imiter les modes françaises. Des Égyptiens, des Persans, ces derniers

Jeune amoureux.
Marionnette de la troupe de Caragueuz.

présentés avec une apparence satyrique, des Arméniens, des derviches sont mêlés aux gens du peuple dans l'exercice de leurs professions diverses : portefaix, garçons de bain, juifs, marchands de sorbets, marchands de tabac. Le corps de ballet, accompagné par un groupe de musiciens, est composé de nains grotesques et d'hommes habillés en danseuses, suivant la coutume turque.

Évidemment, l'action de ces drames doit être plus compliquée que dans les trois principales pièces jouées à Constantinople pendant les fêtes du Ramazan et qui, d'après un renseignement d'Haïder effendi, commissaire turc en Herzégovine, seraient: *le Mariage de Hubbé-Hanem, la Pêche de Caragueuz, le Mariage de Caragueuz*. Rien que la constitution de la troupe en carton que je possède indique, par la multiplicité de ses personnages, une sorte de panorama, un *pont d'Avignon* turc sur lequel défilent tour à tour les personnages indiqués plus haut.

L'entendement des enfants est le même partout, en Europe et en Asie; ils ne saisiraient pas les nœuds trop serrés d'une action dramatique. Que l'acteur remue, gambade, reproduise des gestes de marchands vus habituellement dans la rue, les enfants sont ravis; c'est ce qui explique pourquoi les femmes du sérail, autres natures d'enfants, aiment à voir défiler devant elles les personnages de la troupe de Caragueuz, qui lui apparaissent plus nettement qu'à travers les grillages des moucharabys du harem.

Quant au licencieux Caragueuz, il n'est plus reconnaissable aujourd'hui; il a perdu tous ses avantages et semble un Absalon privé de sa chevelure ou un Hercule aux pieds d'Omphale, sans la massue particulière à l'aide de laquelle il accomplissait ses travaux. Tel est dans cette troupe, le rôle relativement chaste de Caragueuz qu'il pourrait être engagé comme chanteur à la chapelle Sixtine; aussi bien

Troupe de Caragueuz.
Vieille confidente dressée à porter les messages amoureux.

les femmes sont très peu nombreuses dans cette troupe de marionnettes.

C'en est fait. La Turquie est sauvée. « Le germe de mort de la nation est extirpé. » Ainsi présenté, Caragueuz pourrait presque figurer dans les comédies bourgeoises du théâtre du Gymnase.

J'ai montré suffisamment, je crois, l'innocence actuelle de Caragueuz, ses caragueuzeries dans le passé; il convient d'étudier, s'il est possible, son essence primitive.

VII

DU SENS MYSTIQUE DE CARAGUEUZ

Les archéologues, voués spécialement à la recherche du principe mâle antique figuré par des personnages mythologiques, se sont peu préoccupés de Caragueuz jusqu'ici ; ils le rattacheraient volontiers à la chaîne traditionnelle des mythes, se fondant avec raison sur l'hérédité qui fait du bouffon turc un proche parent de Priape.

Autour de la statue du dieu, chanté par les poètes grecs, se déroule en effet un vaste champ qui prête à la glose. Au milieu s'élève un temple, sur la façade duquel le symbole de l'instrument fécondateur est sculpté dans sa rigidité ; aux murs intérieurs, aux voûtes sont suspendus des ex-voto bizarres, des amulettes capricieuses, de fantasques tintinnabulations qui, loin d'évoquer des idées charnelles, donnent à réfléchir. Les êtres superficiels peuvent s'amuser de ces représentations ;

elles ont creusé plus d'un pli sur le front des esprits méditatifs et les nombreuses découvertes que les tombeaux de l'Égypte, de la Grèce, de l'Italie antique, de la France même [1], mettent au jour, à chaque fouille, loin d'apporter la lumière, semblent épaissir les voiles pudiques qui entourent les attributs priapiques.

Caragueuz participe à ces mystères; aussi un érudit distingué de l'Académie des inscriptions, qui avait amassé un certain nombre de notes au sujet du pantin turc, pour ajouter un nouveau volume à son *Histoire des Marionnettes* [2], nous aurait-il donné, à propos du rôle mythique de Caragueuz, des pages d'une solide érudition si la mort, qui ne respecte pas la science, n'avait enfoui dans la tombe de l'érudit tant de recherches accumulées.

« Tous les récits des voyageurs abondent en documents sur les marionnettes chinoises, japonaises, siamoises, tartares, persanes, turques, dit M. Charles Magnin. Aussi ai-je été vivement tenté de compléter mon travail en coordonnant ces témoignages dont l'ensemble présenterait, à n'en pas douter, les résultats les plus curieux; mais j'ai senti bientôt que je ne possédais pas, pour bien remplir cette tâche,

---

1. Voir les curieux monuments phalliques, reproduits dans l'*Historique monumental de l'ancienne province du Limousin*, par J.-B. Tripon. Limoges, 1837. In-4º.

2. Charles Magnin, *Histoire des Marionnettes en Europe, depuis l'antiquité jusqu'à nos jours.* Paris, Lévy, 1852. In-8º.

une suffisante connaissance des institutions, des origines et des mythologies orientales. Je n'ai pas osé suivre les destinées de ce petit spectacle (qui est presque tout le théâtre de l'Orient) à travers les méandres de tant de races, de tant de religions, de tant de langues, et j'ai cru plus sage de laisser prendre la plume à des mains mieux préparées. Puisse donc un des habiles successeurs de Galland et d'Abel Rémusat répondre à mon appel et ne pas dédaigner d'ajouter cet intéressant chapitre à l'histoire des mœurs et des littératures asiatiques !

« Pour moi, je ne me risquerais à essayer d'interpréter tant de mythes étranges qu'autant qu'il ne se présenterait aucun orientaliste disposé à approfondir le sens et l'origine de toutes ces créations problématiques, à commencer par l'incomparable Caragueuz (le Polichinelle oriental), dont les voyageurs ne nous ont guère montré jusqu'ici que la monstrueuse silhouette. »

On voit l'écheveau embrouillé qu'avait à dévider l'archéologue, la conscience qu'il apportait dans ses travaux et la juste mesure d'éclaircissement des textes dont l'auteur de l'*Histoire des Marionnettes* fait preuve.

Pour M. Magnin, Caragueuz semble appartenir à l'ordre des « créations problématiques » ; l'érudit eût certainement basé son opinion, s'il lui avait été permis de déshabiller à loisir et d'étudier sous toutes ses faces la marionnette osmanli, d'après les attestations des voyageurs, les opinions des mythologues.

Je poserai un pas prudent sur le terrain de ces derniers, estimant que la présente monographie donnera peut-être plus tard naissance à des commentaires savants qui ne sont pas de ma compétence.

Le voyageur qui, d'après l'appel que je faisais dans l'*Intermédiaire,* voulait bien y répondre par un récit curieux, ajoutait les commentaires suivants :

« Caragueuz est évidemment une reproduction de Priape (personnification du principe mâle, dans son rôle de fécondateur), mais avec une différence essentielle et caractéristique sur laquelle je n'insiste pas.

« D'un autre côté, l'*œil,* le *grand œil,* que des contours accentués mettent en relief aux yeux du public, me semble rappeler le *grand œil* de cet autre fécondateur puissant qu'on nomme Osiris. L'œil de celui-ci était, comme on sait, dans l'ancienne Égypte, vénéré à part et servait en quelque sorte de talisman (voir les vitrines du Musée du Louvre). Cette croyance existe encore en Orient, et l'*œil* d'Osiris se porte, soit seul, soit en chaton de bague, le tout en verre [1]. »

C'est malgré moi, et en suivant bien timidement

---

1. *Intermédiaire*, 10 juillet 1876.

mon guide, que je l'accompagne dans ces avenues de l'ancienne Égypte, peuplées de sphinx graves, mais troublants, et ce n'est pas à leurs bouches de granit que je demanderai si le grand œil de Caragueuz offre quelque rapport avec le grand œil d'Osiris.

Vraiment, je le crains, les égyptologues me traiteraient avec mépris si je hasardais de semblables assimilations, et je risquerais d'être enfermé, pour le reste de mes jours, dans une boîte à momie, à l'intérieur de laquelle les savants, jaloux de leurs connaissances, font disparaître les profanes qui tentent d'expliquer par la fantaisie les hiéroglyphes sacrés.

Veut-on ma pensée sur ces mythes que l'érudition allemande a infligés à la France? Certes, ils sont une ressource quand l'observation ne trouve pas à s'accrocher à des faits. L'archéologue, mis au pied du mur et s'avouant à lui-même qu'il ne sait pas, sans vouloir l'avouer à ses lecteurs, trouve dans la science mythique une béquille peu solide, mais une béquille; il ne dit pas combien il lui en coûte d'être garrotté par la science allemande qui l'entraîne dans sa brumeuse danse de willis.

A ces théories germaniques je préfère le regard du poète; Il va loin dans sa perception de toutes choses.

Théophile Gautier, ayant appris que Caragueuz est souvent appelé à donner dans les sérails des représentations auxquelles assistent les femmes derrière des tribunes grillées, disait :

« Comment accorder ce spectacle si libre avec des mœurs si sévères? N'est-ce pas parce qu'il faut toujours quelque rondelle fusible à la chaudière trop poussée, et que la morale la plus exacte doit laisser un échappement à la corruption humaine? »

En évoquant le nom du bon Galland, le traducteur des *Mille et une Nuits,* celui d'Abel Rémusat, qui seul a rendu lisible *Yu-Kiao-li,* le chef-d'œuvre des romans chinois, M. Charles Magnin montrait toute sa sympathie pour ces orientalistes ingénieux qui, essayant de se dépouiller des aridités de la science, savent mettre leurs récits à la portée des femmes, des enfants, des hommes qui veulent être distraits et non fatigués par les obscurités des littératures étrangères; à cette classe d'esprits délicats, et, sans nier les efforts d'autres érudits qui creusent péniblement le champ de la science, je rattacherai volontiers Gérard de Nerval pour ses scènes de la vie orientale et Théophile Gautier, grâce à son ingénieuse interprétation morale de Caragueuz et de la pensée populaire qui le met en action aux mains des montreurs de marionnettes.

VIII

CARAGUEUZ EN ALGÉRIE

Si les Turcs ont le bouffon Nasr-Eddin, les Arabes possèdent également le leur, Si-Djoha; ces deux personnages suffisent pour montrer la diversité des deux races. Nasr-Eddin est ingénieux, narquois et plein de bonhomie, Si-Djoha est un Jocrisse cruel, brutal et sanguinaire. Le premier se tire d'embarras par son bon sens et son esprit; le poignard joue un grand rôle dans les récits du second, ensanglantés le plus souvent par des têtes coupées.

Un écrivain a essayé de nous faire connaître quelques Contes dont Si-Djoha est le héros[1] ; ces contes, médiocrement plaisants, prennent peut-être un tour plus ingénieux dans la langue arabe ; il faut ajouter toutefois que de tels récits de bédouins, dans lesquels Si-Djoha feint une stupidité à laquelle il joint une effronterie sans bornes, s'adressent aux populations nomades et que les tours du bouffon se content après le dîner sous la tente ou chez le Kaouadji arabe.

Faire de Si-Djoha un conteur cher aux populations des grandes villes de l'Afrique fausserait les idées sur la civilisation algérienne, même avant la conquête ; aussi pour montrer les deux faces de ces populations je grouperai, ainsi que je l'ai fait pour les Turcs, certains proverbes Arabes.

Quand tu seras enclume, prends patience ; mais, si tu es marteau, frappe droit et ferme.

Une nuit d'anarchie est pire que des années de tyrannie.

L'or n'appartient pas à l'avare, mais l'avare à l'or.

Le silence est la meilleure réponse que l'on puisse faire à un sot.

Les affaires ne cheminent bien que par les hommes de cœur, (c'est-à-dire la meule ne tourne bien que sur un pivot de fer).

Le Messie a guéri des aveugles et des lépreux, mais jamais de sots.

J'ai goûté bien des substances amères ; nulle ne l'est plus que de demander.

---

1. Mornand, *la Vie arabe*, Michel Lévy, 1857. In-18.

A lire ces proverbes ne croit-on pas entendre la parole de vieillards à barbe blanche, de chefs de tribus qui ont conquis un renom de sagesse parmi les populations du désert? Ces hommes d'un grand âge parlent peu et dédaignent de prêter attention aux menus événements de la smalah. Qu'un événement grave se produise, alors de leurs lèvres coulent des paroles imagées et morales qui font penser à celles de la Bible.

Comment un bouffon tel que Karakouche [1] a-t-il pu prendre naissance chez un peuple qui sourit à peine et dont la plupart des aspirations se reportent vers l'indépendance au désert?

La question avait également préoccupé le savant M. Cherbonneau qui, installé dès la conquête d'Alger sur un sol jusque là presque fermé à la France, put étudier à loisir la langue et la civilisation arabes, de même que les membres de l'Institut attachés à l'expédition du général Bonaparte avaient pu pénétrer au fond des mystères de l'antique Égypte.

« Quelle que soit l'opinion qu'on adopte au sujet de Karakouche, m'écrivait M. Cherbonneau [2], vous reconnaîtrez facilement qu'il s'est opéré à Alger, sous la domination turque, une fusion complète

---

1. Pour cette seconde partie j'emploierai au lieu de Caragueuz le nom de Karakouche, me fondant sur l'orthographe affirmée par le manuscrit arabe : *El fachouche fi ahkâm Karakouche.*

2. Lettre datée d'Alger du 16 février 1876.

entre les éléments de la comédie égyptienne et les turlupinades du Bosphore, puisque les deux héros de ces différentes scènes jouent côte à côte sous la main exercée de nos impresarios algériens. Caragueuz, c'est Karakouche ; Djouwaz, c'est Hadj Stiwaz. »

De 1830 à 1835, M. Cherbonneau suivit assidûment les représentations d'un montreur de marionnettes qui, lorsqu'il rapportait sa baraque de province, était appelé dans les principales soirées algériennes.

La farce de Karakouche se transformait suivant l'événement du jour. Le style, se pliant aux diverses nationalités des spectateurs, empruntait particulièrement les ressources de la langue *sabir,* c'est-à-dire un fond de turc, d'arabe, mélangé de calembours français pour la plus grande joie des conquérants.

Était-il question d'un Bey, renommé par son obésité, Karakouche l'appelait un *bon Bey*. Dans ses jours de mélancolie Karakouche ne manquait pas de répéter qu'il avait de *l'Afrique assez*.

Ce n'est certes pas de l'esprit le plus fin ; il égayait nos soldats sur la terre étrangère ; aussi bien les caricaturistes parisiens de 1830, lorsqu'ils prenaient l'Algérie pour but de leurs plaisanteries, n'y mettaient guère plus de distinction.

Malheureusement Karakouche était menacé dans son existence.

« Un beau jour la police, gardienne sévère de la morale, se vit dans l'impossibilité de tolérer les bouffonneries de ce Roquelaure polyglotte qui n'avait de respect ni pour les gendarmes, ni pour les autorités constituées. On lui aurait passé ses coups de tête, ses jurons de forban, son ivrognerie, l'abus même du divorce en pleine polygamie. Il n'y aurait eu que peu de reproches à lui faire s'il s'était borné à jeter la perturbation dans l'islamisme par ses théories extravagantes, s'il ne s'était permis que d'introduire un âne dans le prétoire ou de coiffer le Cadi avec une plâtrée de couscous. Chacun avait souri en voyant Karakouche plonger dans un silo le spahi envoyé à sa poursuite, et l'on se souvenait qu'un de ses plus beaux titres aux applaudissements des spectateurs fut le festin où il grisait les marabouts de Sidi-Ali.

« Malheureusement l'ambition de produire des effets plus grandioses entraîna le sacripant turc au-delà des convenances scéniques ; la soif du succès le transforma en pourfendeur. Ce fut la cause de sa perte.

« Des zouaves l'ayant pris dans une bagarre qui avait mis tout Alger en émoi, il fut conduit devant le Gouverneur, qui était un Maréchal de France. Les hauts fonctionnaires étaient accourus au palais, en grande hâte. L'aspect de cette assemblée majestueuse était de nature à intimider un coupable. Au lieu de montrer une ombre de repentir, Karakouche s'emporta. A la première question que lui fit le Gouverneur, il tira un argument de sa brayette et, sans qu'on pût l'arrêter, passa au fil de l'épée le représentant d'un grand peuple. Ainsi, le Dieu de Mahomet ne s'était point opposé à ce que la France fût insultée une seconde fois. »

Avec beaucoup de prudence, M. Cherbonneau indique ici quel était le fonds des représentations de Karakouche à Alger, quelque temps après la conquête, la vengeance qu'exerçait le bouffon contre le maréchal Bugeaud, le scandale qui se produisait et la haine contre les Français condamnés dans la personne de leur général aux yeux du peuple africain, à une sorte de supplice du pal.

Un peintre, passant à Alger en 1842, put encore voir Karakouche toujours quelque peu rancuneux contre la nation française, mais ayant mis des sourdines à son instrument. Dans cette représentation d'ombres chinoises, le diable, personnage principal, était grotesquement affublé d'un habit à la française, avec une croix blanche sur la poitrine, en souvenir sans doute des anciennes croisades. Il faisait défiler tour à tour un juif à qui on donne la bastonnade, un pauvre barbier élevé tout à coup à la dignité de grand vizir, un *chaouch* (bourreau) s'avançant, armé d'un formidable yatagan pour trancher la tête de l'ancien fonctionnaire dont le barbier a pris la place, un *roumi* (chrétien) à qui on coupe les oreilles, car le *meselmin* (musulman) triomphe toujours à peu près comme l'armée française au Cirque-Olympique. A la suite de ces divers personnages

LE THÉATRE DE KARAKOUCHE A ALGER

vers 1840.

D'après une vignette de M. Th. Frère,

publiée par le *Magasin pittoresque*.

s'élançait sur la scène Karakouche. « Il a, dit le voyageur qui assistait à ce spectacle, je ne sais quelle conversation railleuse et fort ridicule avec une jeune juive qui se balance mollement; c'est une juive comme le prouve son long *sarmat,* lourde coiffure en filigrane d'argent [1]. »

L'auteur de cette notice avait besoin de beaucoup de réserve pour donner une idée de la conversation que Karakouche rend toujours criminelle et plus que criminelle. De tels scrupules étaient commandés par un Recueil exclusivement destiné aux familles; mais ici je m'adresse aux érudits qui veulent pénétrer au fond des choses et qui, tout chastes expérimentateurs qu'ils soient, écartent des voiles trop discrets.

Il faut donc procéder par ordre pour montrer sous toutes ses faces la silhouette de Karakouche; par moments bouffon hardi, il se rapproche cependant de la gaillardise et de la gauloiserie françaises, et l'on trouve des équivalents dans les hauts faits quelque peu salés et pimentés du duc de Roquelaure.

« Les Aventures de Karakouche, telles que je les ai vues, à Constantine, vers l'année 1852 ou 1853, formaient en réalité une priapée d'un ordre peu élevé; mais çà et là quelque bouffonnerie assez plaisante s'y rencontrait. Par exemple le prologue

---

1. *Magasin pittoresque,* 1843.

où l'on voyait Karakouche couché dans son berceau et écartant les rideaux, sans y mettre les mains, tandis que sa mère et les matrones du voisinage, comme pour rendre hommage au Tout-Puissant, enlaçaient d'une guirlande de jasmin le don surnaturel qui s'offrait à leurs yeux. Une hymne nasillarde en l'honneur de Mahomet accompagnait cette cérémonie où perçait la grossièreté d'un peuple, qui n'a de fanatisme que contre l'étranger. A elle seule, cette scène en disait long, puisqu'elle se jouait tous les soirs, au Ramadan, devant un public sortant de la mosquée [1]. »

Désireux de venir en aide à mes études, le savant correspondant de l'Institut se mit à la piste d'un vieux Turc qui donnait à Alger des représentations de Karakouche. Le Turc ne pouvait vendre son théâtre, son gagne-pain ; mais il consentit à découper un exemplaire de chacune de ses marionnettes ; et sans posséder une troupe aussi complète que celle qu'on m'avait envoyée de Constantinople, il m'est permis d'enregistrer avec quelque méthode les personnages suivants :

1° Karakouche ;

2° Djouwaz, son confident ;

3° Ali, le Ministre et le *chaouche* de Karakouche ;

4° Une femme juive ;

5° La femme de Karakouche ;

---

1. Lettre de M. Cherbonneau, datée d'Alger, 5 janvier 1876.

6° Une favorite dudit ;
7° Une danseuse de la tribu des Sulad-Naïl ;
8° Un serpent terrible avec des annelures articu-

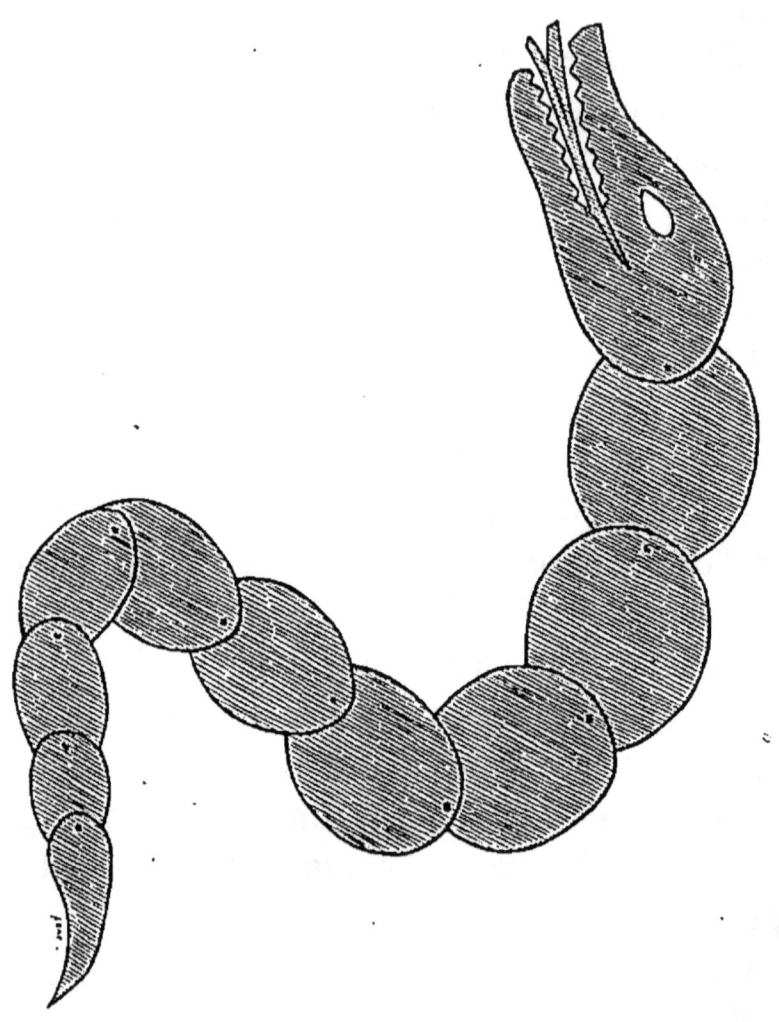

lées, personnage muet mais terriblement agissant dans la plupart des pièces du répertoire. A cette troupe il faut joindre divers accessoires non moins importants :

7.

9° L'arme particulière à Karakouche, cette arme dérobée à Priape et qui fonctionne avec plus de brutalité en Afrique que dans l'Antiquité;

10° Une hache;

11° Enfin, un arbre à végétations fantastiques

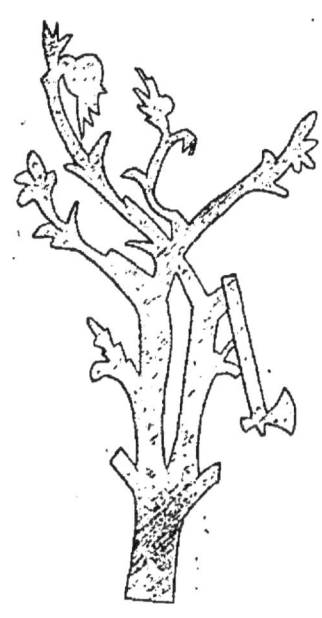

dont les branches, ajustées à l'aide de morceaux de cire, laissent passer la tête d'un Kabyle assez malavisé pour vouloir soustraire sa femme aux ardeurs de Karakouche.

Un papier huilé, une lampe derrière suffisent pour la scène. Les acteurs sont mis en jeu par un bâtonnet, accroché à la ceinture du personnage, et qui, mis en mouvement par les doigts du montreur de marionnettes, produit des gestes vifs et plaisants, suivant les articulations des bras et des jambes.

Seul, le serpent exige plus de frais de mise en scène ; il faut y mettre les deux mains pour le faire ramper, onduler traîtreusement à la façon du jeune Hamlet, et s'élancer sur la partie honteuse de sa victime que sans pitié il dévore.

Poussant l'obligeance à l'extrême, M. Cherbonneau n'eut de cesse qu'il ne m'eût procuré le canevas complet d'une pièce du répertoire traditionnel.

« Selon votre désir, m'écrivait-il, je me suis procuré un croquis du théâtre de Karakouche. Je vous l'envoie, les yeux fermés. *Vidi, puduitque videre.* La personne qui a reproduit à la plume ces scènes grivoises avec des légendes explicatives est un vieil Algérien doué d'une certaine jeunesse d'esprit. Le dessin est d'un réalisme qui ferait rougir le conservateur du musée secret de Naples. »

Les croquis, dans leur crudité, sont en effet trop cyniques pour qu'il soit possible d'en extraire un détail quelconque ; en me tenant sur mes gardes et en appelant à mon aide certains équivalents j'essaierai de me faire comprendre des esprits philosophiques auxquels on peut tout dire.

L'exposition de la pièce est traitée sobrement, mais de façon à frapper aussitôt les yeux des spectateurs. Dès la première scène, suivi de Djourvaz, son homme de confiance, Karakouche se présente avec sa triomphante *terzia gamba.*

— Tu vois, Djourvaz, rien ne peut résister à un tel argument.

Passe un marchand maltais avec son éventaire de caramels. Karakouche, dissimulant ses armes, tourne autour, flaire les caramels et en demande le prix. Le Maltais, qui croit avoir affaire à un acheteur sérieux, fait son prix.

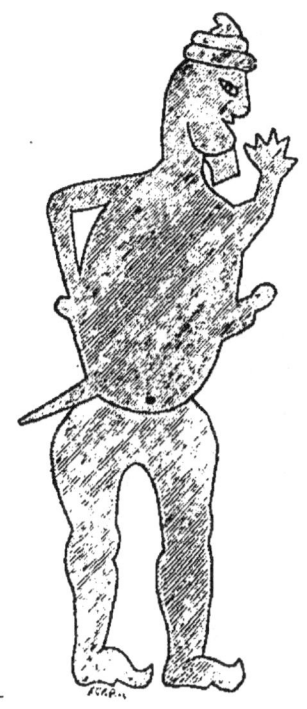

Djourvaz, confident de Karakouche.
Marionnette d'Alger.

On connaît le conte des *Lunettes*, de La Fontaine. L'abbesse d'un couvent apprend qu'un galant s'est introduit parmi les nonnes; la mère examine une à une ses filles et arrivée devant le gaillard qui cherche à cacher ses avantages, l'examen par trop prolongé fait éclater les attaches, d'où la chute des lunettes de l'abbesse. Il en est de même avec Karakouche ; d'un coup de sa batte masquée jusque-là, il fait sauter en l'air la boîte de caramels du Maltais, renverse l'homme, et, pour le punir de lui avoir demandé de l'argent, le châtie à sa façon.

Djourvaz reparaît alors, tenant dans les bras un petit marmot dont il est tout fier d'être le père. Toujours à l'aide de sa singulière batte, Karakouche fait sauter l'enfant en l'air et le rattrape avec l'adresse d'un bâtonniste qui, ayant lancé un étroit gobelet dans l'espace, le reçoit aux applaudissements des curieux, au bout d'une canne.

Ces premières scènes font penser à nos anciennes pantomimes, à la gourmandise de Pierrot, à ses farces avec un enfant au maillot ; mais l'ancien théâtre français avait, malgré ses hardiesses, des réserves que ne comporte pas le théâtre populaire algérien.

De même que dans la pantomime française, les scènes dont Karakouche est le héros sont décousues ; elles offrent une succession de motifs comiques sans plus de liaison que les morceaux de verre dans un kaléidoscope.

C'est ainsi que Djourvaz dresse une balançoire sur laquelle grimpe Karakouche, attraction dont le public doit payer les frais. Non loin de la balançoire est placée une grande jarre destinée à recevoir l'argent des spectateurs ; ceux qui se montreraient rebelles à dénouer les cordons de leur bourse savent qu'ils sont d'avance condamnés à être internés dans la jarre.

Faisant face à la balançoire qui sert à Karakouche à se lancer à toute volée dans l'espace, une autre balançoire est réservée aux dames. On a là comme une scène de trapèzes de nos équilibristes, avec la différence qu'une rencontre s'opérant entre Karakouche et la femme qui lui fait vis-à-vis, le bouffon se livre à un exploit d'une certaine habileté, mais réprouvé par les mœurs occidentales.

Un Anglais qui a assisté à ce spectacle, se refusant à en payer la vue, est introduit de force dans la grande jarre, et pour l'y mieux tasser, Karakouche emploie sa terrible batte; mais, dans sa colère, l'Anglais saisit l'accessoire avec ses dents et en mord violemment la partie supérieure.

Pour rendre à la batte sa physionomie correcte, Djouwaz va quérir une meule et l'opération réussit. En possession de son arme aiguisée à point, Karakouche l'essaie sur une Juive qui passe; mais la femme pousse de tels cris que trois gendarmes viennent s'enquérir de la cause du tumulte. Sans perdre de temps, Karakouche passe les gendarmes au fil de l'épée. Ceux qui se rappellent la naïveté avec laquelle les imagiers d'Épinal ont représenté les quatre fils Aymon enfourchant le même cheval, peuvent se faire une idée de l'attitude triomphante de Karakouche et des trois gendarmes.

Au moment où le bouffon chante ses prouesses,

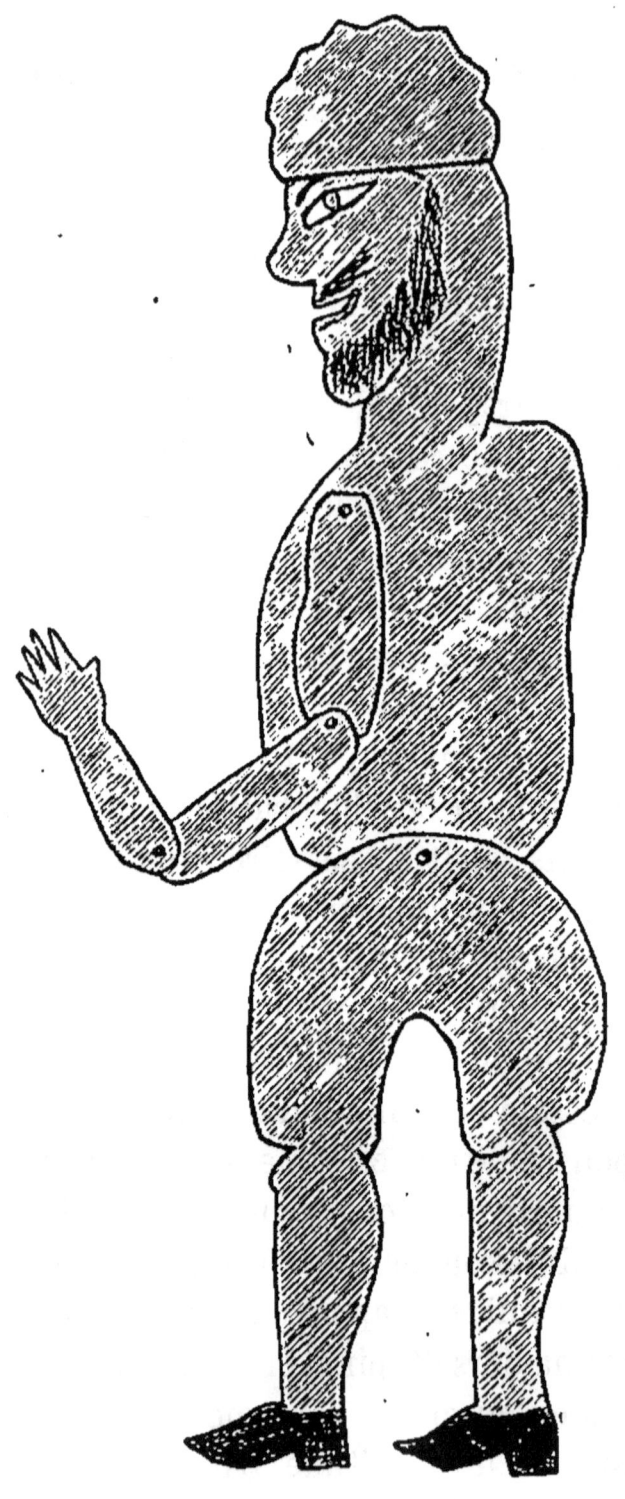

Karakouche.

Facsimilé d'une marionnette d'Alger.

arrive en rampant un serpent, le serpent vengeur et moral qui punit l'auteur de tant de méfaits en enlevant d'un coup de dents ce qui faisait l'orgueil de Karakouche.

Ne pouvant survivre à la perte de sa parure naturelle, Karakouche meurt ; aussitôt quatre biskris, préposés aux funérailles, portent en terre le bouffon : beau cortège où ne manquent pas les femmes juives et mauresques pleurant le héros regretté.

L'enterrement terminé, les biskris se partagent le prix affecté à ces sortes de cérémonies. Tout à coup, dans les nuages, apparaît la silhouette fantastique de Karakouche. Mahomet, touché de sa vaillance, a-t-il voulu que le bouffon redescendît sur terre, armé d'une belle batte neuve, plus développée, s'il est possible, que celle dévorée traîtreusement par le glouton reptile? Fondant sur les biskris, Karakouche les traite comme un cuisinier accommode des mauviettes à la brochette, et il remonte avec son butin vers le paradis de Mahomet.

« Telles sont les farces dont s'amusent les indigènes, pendant les soirées du Ramadan, dit M. Cherbonneau ; et, ce qui prouve que la comédie de Karakouche est une importation de Constantinople, ce sont les prouesses de bestialité qui s'y succèdent. Point d'esprit, de la grossièreté seulement. Une profession de foi ramenant les actes de la vie à l'impudicité la plus révoltante.

« Plus de membrure que de génie dramatique ;

une manie d'envisager les choses par leurs envers et de prendre la société à rebours, voilà le type parfait du farceur ottoman. Nous avons ici l'expression altérée, populacière, du théâtre primitif; en sorte que le héros n'est plus reconnaissable qu'à la longueur de sa Durandale et à la façon dont il argumente en mainte occurrence. Loin de nous rappeler son origine de seigneur féodal, le Karakouche algérien est un vulgaire sacripant. Ne lui demandez ni des enlèvements de jouvencelles, ni des coups d'épée, ni de bruyantes orgies, ni de bons mots ; il n'a rien du prestige qui entoure les gentilshommes. Il est sorti tout entier du cerveau de quelque matelot du dey Husseïn, et son éducation s'est faite tout naturellement dans les tavernes des forbans, au milieu des jurons et de la promiscuité. »

Pour en terminer avec le Karakouche d'Alger, et s'il fallait chercher la moralité de ses immoralités, je dirais que la farce populaire n'a aucun souci du Beau, du Bien, du Vrai, et se passe résolument de morale.

Il en est de même à peu près chez tous les peuples. Punch, Polichinelle, Guignol, au triomphe de la farce joignent le mépris de l'autorité. Sans doute leur bâton n'a rien de commun avec celui du cynique Karakouche ; mais ne faut-il pas tenir compte du climat, des races, et peut-on appliquer à l'Afrique et à la Turquie les chastes enseignements du christianisme qui, dans sa décence, jetait un voile prudent sur les sensualités orientales ?

IX

CARAGUEUZ EN TUNISIE

Deux relations de voyage, à l'aide desquelles le rôle de Karakouche sur la terre africaine peut être complété, ont paru récemment. Sous forme de notes MM. Jean Lux et Paul Arène ont consacré quelques pages au bouffon qui, changeant de théâtre comme les grands comédiens, fait aujourd'hui le bonheur des Tunisiens après avoir égayé longtemps l'Algérie.

Trois mois en Tunisie[1] de M. Jean Lux est le « Journal d'un volontaire » français alerte, de bonne humeur, qui ne regimbe pas sous le harnais militaire et le porte au contraire avec l'aisance d'un vieux troupier aguerri.

L'auteur n'est pas un lettré à proprement dire, et rien qu'à la configuration du nom qu'il donne à *Kerrageuss*, on voit que les origines du personnage fameux lui sont inconnues; M. Jean Lux parle du théâtre de Karakouche en Parisien qui n'a guère d'autres points de comparaison en tête que les baraques de la fête de Saint-Cloud.

« Ce soir nous nous sommes payé le théâtre arabe, et pour la somme de quatre caroubles (pas tout à fait vingt centimes) nous avons été voir jouer *Kerrageuss*.

« Kerrageuss est le Polichinelle musulman, son théâtre une baraque foraine. Figurez-vous une grande tente rectangulaire à toit pointu, dans le genre de celles où l'on voit la *Femme torpille* ou le *Colosse Hongrois*. Même entrée crasseuse, garnie d'une portière en jaconas faite d'un vieux rideau de lit démodé, avec la caisse aux recettes placée à côté de la porte. Ici la caisse est remplacée par une gargoulette ébréchée suspendue à un clou. Le caissier, un vieil Arabe sordide qui sert en même temps de

---

1. Paris. Ghio, 1882. In-18.

contrôleur et d'ouvreuse, a soin de vous faire payer en entrant.

« J'ai regretté le diseur de boniments qui égaye nos foires ; mais un joueur de fifre qui tient son instrument d'une main et qui tape de l'autre sur une calebasse garnie de peau, remplace avantageusement le trombone classique.

« Au fond est une estrade, garnie de décors en carton, rappelant tout à fait le théâtre de Guignol. Seulement les pantins sont remplacés par des ombres chinoises qui s'agitent derrière un grand carré de parchemin tendu sur un cadre en bois noir.

« A toutes les places on a le droit de s'asseoir par terre. Nous avons préféré nous tenir debout, Patureau et moi, et nous nous sommes glissés modestement tout au fond de la salle.

« Kerrageuss paraît bientôt sur la scène et récite en arabe un long monologue auquel nous ne comprenons naturellement rien du tout, mais qui doit être fort intéressant si j'en juge par l'air attentif des auditeurs.

« Heureusement que j'ai pris avant de venir ici mes informations sur ledit Kerrageuss, et le récit qu'on m'a fait des exploits du personnage m'aidera à comprendre le spectacle. »

Les renseignements que le jeune volontaire recueille sont la traditionnelle parenté de Karakouche avec le Polichinelle français. Personne dans le bataillon où était incorporé M. Jean Lux n'avait les connaissances archéologiques suffisantes pour lui faire connaître les anciennes relations de la Turquie et de l'Algérie, non plus que les causes qui ont poussé Karakouche à émigrer à Tunis ; toutefois ce « Journal de volontaire, » écrit sans prétention et qui se fait

Femme
de la troupe des marionnettes d'Alger.

lire sans fatigue, contient un passage qui, en l'absence d'autres documents plus approfondis, mérite d'être cité.

« En arrivant sur la scène, Kerrageuss expose son rôle sur la terre. Il se pose en bienfaiteur de l'humanité, quoique au fond ce soit le plus grand coquin du monde. Il se dit protecteur du beau sexe; mais chez lui, foin de la sentimentalité et des procédés de Don Quichotte! Il parle comme Sancho Pança et agit à la manière de Diogène le Cynique. C'est un Don Juan brutal pour qui rien n'est sacré et qui fait bon marché de l'honneur des femmes. Tant pis pour celles qui tombent entre ses mains; il les sacrifie sans pitié sur l'autel du dieu Priape dont il est le grand pontife sur la terre.

« Les honnêtes gens qui cherchent à ramener ce brigand à des sentiments meilleurs sont fort maltraités et se sauvent roués de coups de bâton quand il ne leur arrive pas pire encore. Quant aux malheureuses qui se sont livrées à lui, elles trouvent bientôt le châtiment de leur faute dans les lois mêmes de la nature. Elles expieront dans les douleurs de l'enfantement un moment passager de bonheur; mais elles auront une compensation à leurs peines dans les joies de la maternité.

« Kerrageuss est donc tout à la fois le tyran et le propagateur de l'espèce humaine. Il est le dieu auquel tout le monde sacrifie. Il gouverne en maître toute la race des hommes, et son règne ne finira qu'avec le monde.

« Les ombres qui s'agitent derrière la toile ont pour but de figurer par des images matérielles cet exposé philosophique. Elles nous montrent Kerrageuss tour à tour chez lui, dans son harem, sur la place publique, au milieu de ses juges ou de ses victimes.

Je ne décrirai point par le menu tous ces différents tableaux, car pour les peindre sans faire rougir nos lecteurs, il faudrait parler arabe ! La langue française se refuse à raconter des scènes auprès desquelles les comédies les plus crues d'Aristophane sont de véritables idylles ! Et pourtant tous les jours un parterre de Musulmans, parmi lesquels beaucoup d'enfants, se délectent à l'audition de toutes ces ordures ! »

La conclusion offre quelques points qui, s'ils étaient exacts, jetteraient un nouveau jour sur Karakouche.

« Ce qu'il y a de vraiment curieux, c'est que ce Kerrageuss est aussi populaire dans l'extrême Orient qu'en Afrique. Les Chinois l'ont en grand honneur, et dans toute l'Asie on le retrouve sous des noms peu différents. »

Je crains que M. Jean Lux, trompé par de vagues récits, n'ait donné trop d'extension au personnage en disant que les Chinois « honorent grandement » Karakouche.

Aucun personnage grotesque de la même famille ne m'apparaît dans les nombreuses collections de peintures sur papier de riz importées en France depuis le XVIIe siècle.

Cette opinion, qui me semble manquer de justesse, me permet de me détourner un instant du sujet et de faire un léger crochet en Chine.

Au nombre des divinités chinoises qui président

au bonheur des hommes, on compte dans le Panthéon bouddhique *Pou-taï*, dieu du contentement. Avec sa liberté habituelle, la langue française a fait de Pou-taï *poussah*, un mot sur lequel les étymologistes français ne sont pas d'accord; longtemps toute figurine chinoise dont la bouche est entr'ouverte par un rire perpétuel fut traitée irrévérencieusement de poussah.

On oubliait trop en France la qualité du Dieu, cette précieuse et inaltérable gaîté considérée par les Chinois comme l'expression suprême de la félicité terrestre; aussi un voyageur a-t-il fait la piquante remarque qu'une figurine de Louis XIV, exécutée en Chine vers 1664 pour la Compagnie des Indes Orientales, représentait le roi dans un très vif accès de gaîté.

Si les historiens et les chroniqueurs français ne nous ont pas habitués à voir le roi-soleil rire aux éclats, les statuaires chinois, peu soucieux de l'étiquette et de la majesté, croyaient ne devoir mieux honorer le monarque français qu'en imprimant sur sa physionomie la joie, signe du parfait bonheur dans les représentations bouddhiques.

Entre Caragueuz et Pou-taï s'ouvre un abîme. Que le poussah trouve le bonheur parfait dans la contemplation de son ventre, ce n'est pas là l'idéal que poursuit l'effréné bouffon turc. S'il avait fait quelque apparition en Chine, si un personnage quelconque eût offert une ombre d'analogie avec Caragueuz, nul n'était plus porté à le signaler que M. Jules Arène, l'auteur de *la Chine familière*[1] : comédiens, chanteurs, musiciens populaires, il les a étudiés curieusement dans les loisirs que lui laissaient ses fonctions au Consulat de France en Chine. Et plus tard n'eût-il pas indiqué ces migrations du bouffon turc à son frère, M. Paul Arène, alors que celui-ci faisait une promenade à Sousse et recueillait les notes qui nous ont valu le spirituel volume de *Vingt jours en Tunisie*[2] ?

M. Paul Arène en voyage ne se contente ni d'à peu près, ni d'opinions traditionnelles. Il veut regarder, juger, et c'est à lui qu'on doit cette rectification de Carthage, vue par M. Flaubert avec « ses yeux grossissants de bœuf de Normandie ». Un touriste qui n'accepte pas la description « démesurée » ou « l'énorme » de convention est un guide sûr ; aussi faut-il citer presque en entier le morceau qui suit sur Karakouche.

« Une première fois, il y a deux jours, l'impresario, qui dormait en travers de sa porte, a refusé de se déranger pour moi. Mais ce soir, nous sommes avec un officier qui parle un peu d'arabe, de sorte qu'il devient facile de s'entendre.

« La salle, noire et sans autre ornement que les toiles d'araignée tombant du plafond en draperies,

---

1. Paris, Charpentier, 1883. In-18.
2. Paris, Lemerre, 1884. In-18.

est une simple boutique de tisserand dont on a appliqué le long des murs le métier démonté. La porte une fois refermée, il y règne une chaleur étouffante. Quelques indigènes ont suivi en se glissant sur nos talons. Du reste, pas de sièges; nous devrons assister au spectacle debout.

« Au fond, dans une cloison en planches, s'ouvre un cadre de mousseline derrière lequel on voit danser la flamme d'une lampe à huile. Par une porte pratiquée sur un des côtés de la cloison, l'homme de Karagouz, à la fois directeur et unique artiste, pénètre mystérieusement dans les coulisses. Il débute, invisible, par un long discours préliminaire, destiné sans doute à expliquer la pièce, et que pour mon malheur je ne comprends point.

« Bientôt une silhouette apparaît, noire et se démenant des jambes et des bras sur le fond du cadre éclairé. Mais ce n'est pas encore Karagouz, c'est un habitant de la ville, bourgeois enturbané qui a envie d'un beau poisson et qui en fait la commande à un nègre. Sur ce, Karagouz entre, monstrueux, armé d'impudeur et tout de suite reconnaissable, tant il est pareil à ce dieu rustique, taillé dans un tronc de figuier, dont les anciens voilaient de verdure aux endroits déserts de leur jardin l'image obscène et consacrée [1] Karagouz a surpris la conversation du

---

[1]. Voir pour les analogies du dieu antique et du bouffon tunisien le chapitre consacré à Priape dans mon *Histoire de la Caricature antique*. — Paris, Ed. Dentu, 3ᵉ édition, 1879. In-18.

bourgeois et du nègre. Il déclare que c'est lui, Karagouz, qui mangera le poisson. Et voilà le premier acte.

« Au deuxième, Karagouz ne paraît pas. Nous sommes sur mer dans une barque à plusieurs rameurs très ingénieusement ajustée. Le nègre tient la barre. A l'avant le patron pêcheur jette sa ligne dans ce qui est censé les profondeurs salées. Un thon énorme, l'œil blanc et rond, la gueule ouverte, rôde sous l'eau et flaire l'hameçon; mais le nègre parle toujours et empêche le poisson de mordre. Interminable discours du patron au nègre, à la suite de quoi le nègre promet de ne plus parler. En effet, il ne parle plus; mais, autrement que par la bouche, il fait entendre, — à la grande joie de l'auditoire, très sympathique aux grasses facéties de ce Pierrot couleur de suie, — un bruit incongru, retentissant, formidable comme un coup de tonnerre.

« Le thon, effaré, se sauve aux abîmes. Nouveau discours du patron, accompagné de gesticulations furieuses. Nouveaux serments du nègre, qui jure de rester silencieux de toute façon. Enfin le thon est pris, on le hisse à bord, les rameurs rament, la barque disparaît dans la coulisse, et le deuxième acte finit.

« Au troisième acte, le bourgeois arrive, portant sous le bras son poisson qu'il dépose par terre. Il se couche auprès, du côté de la tête; Karagouz survenant se couche du côté de la queue. Inquiet, le bourgeois surveille Karagouz. Mais Karagouz dort, Karagouz ronfle ; le bourgeois rassuré croit pouvoir s'absenter un instant, et sort, laissant le poisson à la garde des étoiles.

« Quand il revient, accompagné des amis qui veulent admirer son achat, Karagouz a enlevé le poisson ; il s'est mis à la place, étendu sur le dos, et vous devinez ce que le bourgeois flaire dans la nuit sombre, en croyant flairer un thon nouvellement pêché.

« Première bataille, à la suite de laquelle Karagouz reste maître du terrain, non sans avoir, selon ses habitudes, passé l'ennemi vaincu au fil de son étrange épée.

« Quatrième acte et nouvelle bataille, cette fois-ci avec le nègre, qui veut que Karagouz rende le poisson.

« Le nègre est tué. Karagouz le traîne devant la porte du bourgeois. Le bourgeois, qui ne tient pas au compromettant voisinage d'un cadavre, traîne à son tour le nègre devant la porte de Karagouz. On trimbale un bon moment ce malheureux nègre. Enfin, on s'arrête à une transaction : le nègre sera placé au milieu de la rue, à égale distance des deux maisons. Karagouz mesure le terrain, avec quelle aune étrange, ô Mahomet ! Mais comme il ne se pique pas de grande suite dans les idées, ou plutôt comme il médite d'autres farces, une fois le bourgeois parti il se substitue au nègre qu'il fait disparaître.

« Cinquième et dernier acte. Les femmes prévenues entourent Karagouz qu'elles prennent pour

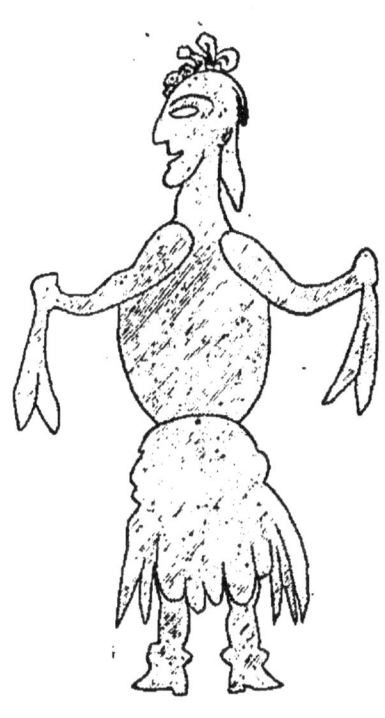

Danseuse de la troupe de Karakouche.
Marionnette d'Alger.

le nègre mort. Elles poussent des *you! you!* plaintifs; elles entonnent des chants funèbres. Soudain le mort se redresse : ce n'est pas le nègre, c'est Karagouz, c'est l'ennemi! Moins fort contre les femmes que contre les hommes, Karagouz se voit sur le point de subir le sort d'Orphée. Assailli, déchiré, griffé, mordu au nez et encore ailleurs, l'infortuné reste sur le carreau, gémissant et crachant dans ses mains « *prt... prt... prt...* » pour oindre ses blessures. Des Juifs arrivent et veulent l'enterrer. Ils le placent sur une litière, et ce sont des lamentations nasillées en hébreu, des *amin* et des *adonaï* dont l'imitation très comiquement caricaturée fait beaucoup rire les spectateurs. Déjà le convoi s'est mis en marche quand tout à coup Karagouz se dresse, farouche ! Emporté par son éternelle idée fixe, il déshonore en les poussant vers la coulisse ceux qui venaient l'ensevelir.

« Le cadre reste un instant vide ; puis reparaît Karagouz énorme, idéal, dix fois plus grand que dans la pièce, le Gargantua des Karagouz. Gambadant et gesticulant en vrai polichinelle sémite, il baragouine un chant triomphal. La lampe s'éteint, la farce est jouée ! »

M. Paul Arène vit encore représenter deux autres pièces du même répertoire : *Caragueuz à la maison des fous* et *Caragueuz père de famille*, sans que rien dans ce dernier ouvrage fasse penser au drame bourgeois de Diderot.

« Dans cette comédie nous assistons à une scène d'accouchement du naturalisme le plus pur. Rien n'y manque : le lit dressé en hâte, les hauts cris, les encouragements des matrones, et un petit Karagouz qu'on voit naître déjà bruyant, déjà féroce et joyeux, et abondamment pourvu déjà, malgré son jeune âge, de tous les avantages paternels. Ne connaissant pas l'arabe, évidemment bien des finesses ont dû nous échapper. Mais la pantomime suffit à faire suivre les grandes lignes de l'intrigue; et même un profane comme nous est frappé du talent

Marionnette
de la troupe de Karakouche, à Alger.

spécial de l'acteur pour reproduire les bruits extérieurs, les cris de la foule, pour varier son parler, sa voix et son accent suivant l'âge, le sexe et la nationalité du personnage en scène. »

Ici se termine le chapitre, avec un vœu presque impossible à réaliser :

« Il serait à désirer que quelque traducteur, homme d'esprit, recueillît et publiât en belle édition le répertoire de Karagouz. Mais où trouvera-t-on ce Nodier orientaliste ! »

Nodier ne travaillait pas dans cette partie. Sa bonhomie se fût effarouchée de l'insolence braquemardesque d'un bouffon sans pudeur.

Gérard non plus n'appartenait à l'école de prétendus savants voués à l'érotisme. Sans appuyer sur le relief matériel trop prononcé qu'affiche Caragueuz au physique, il cherche dans le répertoire du bouffon turc d'autres motifs à sa popularité et il prouve qu'une fois admis ce caractère ityphallique, Caragueuz est un personnage satirique avec lequel les autorités de Constantinople doivent compter. Dans le répertoire du théâtre turc populaire Caragueuz appartient presque toujours à l'opposition, suivant Gérard.

« C'est, dit-il, ou le bourgeois railleur, ou l'homme du peuple dont le bon sens critique les actes des autorités secondaires. A l'époque où les règlements de police ordonnaient, pour la première fois, qu'on ne pût sortir sans lanterne après la chute du jour, Caragueuz parut avec une lanterne singulièrement suspendue, narguant impunément le pouvoir, parce que l'ordonnance n'avait pas dit que la lanterne dût enfermer une bougie. Arrêté par les cavas, et relâché d'après la légalité de son observation, on le vit reparaître avec une lanterne ornée d'une bougie qu'il avait négligé d'allumer... Cette facétie est pareille à celles que nos légendes populaires attribuent à Jean de Falaise, ce qui prouve que tous les peuples sont les mêmes. Caragueuz a son franc-parler; il a toujours défié le pal, le sabre et le cordon. »

APPENDICES

I

FÊTES ET DIVERTISSEMENTS DES TRIBUS ARABES ET DES SOLDATS INDIGÈNES DANS LES CAMPS

Ismaël Bouderba, interprète militaire en Afrique, a relaté certaines fêtes arabes auxquelles il put assister : un point l'étonna particulièrement, la présence de l'Arlequin dans les bandes de masques qui parcouraient les tribus, la veille du jour de l'an.

« Le soir, vers les neuf heures, fatigué par les fortes chaleurs de la journée, je me laissais aller au sommeil quand je fus réveillé en sursaut par le bruit de nombreux éclats de rire et le pas de plusieurs individus qui s'approchaient de ma tente. J'appelai mon domestique pour lui demander l'explication de tout ce tapage : Ce sont, me dit-il, les habitants du village qui fêtent Hilet-el-Adouray, la veille du nouvel an et viennent donner une représentation.

« Je savais déjà, par ouï-dire, que les gens du pays, pour fêter l'Achoura, organisaient une sorte de mascarade. Curieux de vérifier le fait, je leur envoyai une dizaine de francs et leur fis dire que je serais enchanté de les voir un moment; immédiatement la bande joyeuse se précipita devant la porte de ma tente, et la foule, parmi laquelle se trouvaient quelques individus armés de torches, forma un cercle autour des acteurs.

« Toute l'intrigue roule sur le thème suivant : un vieil Hadj (pèlerin), dont l'accoutrement ressemble à celui des misérables pèlerins du Maroc, a pour épouse une femme jeune et jolie (c'est un jeune garçon qui remplit ce rôle). Il tâche de lui plaire en lui faisant toute espèce d'amabilités; parfois même ses gestes vont jusqu'à l'indécence. Malheureusement, son visage couvert d'une longue barbe blanche, faite d'une vieille peau de mouton, paraît déplaire singulièrement à sa chère moitié, qui, en revanche, éprouve un penchant très marqué pour un certain Arlequin, qui ne les quitte pas un instant et semble prendre plaisir à faire enrager le vieux bonhomme. Il n'est de mauvaise niche qu'il n'essaye de lui faire.

« Quelques individus déguisés, qui en lions, qui en diablotins, forment le reste de la mascarade. Tous sont ligués contre le vieux mari. Enfin, comme dénouement inévitable, le malheureux perd sa femme que lui enlève l'Arlequin.

« Ce qui m'a le plus surpris, c'est de retrouver dans le fond du Sahara l'Arlequin avec son costume classique, son chapeau et sa batte. Le plus agile de la troupe est toujours choisi pour remplir ce rôle [1]. »

Il n'y aurait pas lieu de s'inquiéter de ce costume d'Arlequin, apporté sans doute d'Alger par un zouave, épave dont la bigarrure ne correspond en quoi que ce soit aux peaux de moutons et de boucs dont, aux jours de fête s'affublent les populations arabes à demi-civilisées, si quelque voyageur archéologue ne pouvait un jour regarder cette guenille multicolore comme archaïque. Un érudit ne constatait-il pas très récemment que l'air de Marlborough était resté dans les chants populaires de l'Egypte et que les refrains *mironton ton ton mirontaine*, importés par les soldats du général Bonaparte, étaient devenus dans la langue du pays *mironah, mirontain* [2].

---

1. *Revue algérienne et coloniale*. Décembre 1859. Paris, Hachette.
2. V. Loret. *Mémoire sur la littérature et la musique populaires dans la Haute-Égypte, envoyé à l'Académie des Inscriptions*. Séance du 17 octobre 1885.

Dans d'autres campements, les soldats indigènes ont importé avec une sorte de Karakouche sauvage une série de scènes de styphalles et de phallophores qui ont un caractère de fêtes nocturnes antiques.

J'ai été mis sur la piste de ces curieuses représentations par M. Courdaveaux, doyen de la faculté des lettres de Douai, grâce à une note de son intéressant livre d'esthétique sur le *Comique et le rire dans la vie et dans l'art* [1].

Avec une extrême obligeance M. Courdaveaux me mit en rapports avec son beau-fils qui, en qualité d'engagé volontaire dans un régiment de zouaves, ayant assisté à ces fêtes en 1870, voulut bien m'en donner une description

Avec la liberté d'un soldat qui sait mal farder la vérité.

« Il est environ sept heures du soir, la nuit commence à descendre sur la terre ; les bruits du camp diminuent peu à peu, ainsi que çà et là les feux des bivouacs devant lesquels passe et repasse l'ombre du cuisinier chargé de confectionner le café; les longues lignes de tentes apparaissent blanches, semblables à des tombeaux : les marmites de fer-blanc de l'administration réfléchissent la lumière d'une façon particulièrement pittoresque, et les sabres-baïonnettes des fusils croisés en faisceaux reluisent tour à tour à la clarté vacillante de la flamme, comme de petits feux follets aériens.

1. Paris, Didier, 1875. In-18.

« Tout à coup on entend les sons d'une flûte mêlés à ceux d'un tambour : chacun se porte du côté d'où vient cette musique. Le cercle est bientôt formé à côté des musiciens; ceux-ci commencent à jouer sur un rythme très lent une mélopée monotone, qu'accompagnent quelquefois les voix des assistants. Bientôt deux des assistants se détachent et pénètrent dans le cercle : ce sont le phallophore, et celui qui représente la femme (quelquefois même l'homme); le premier tient entre ses mains le phallus, qu'il porte devant lui, incliné vers la terre. Les deux acteurs se promènent pendant quelques instants, en évitant de se rencontrer. Bientôt le phallophore se rapproche du second acteur; insensiblement il relève le phallus, qui tout à l'heure apparaîtra complètement menaçant : la femme cherche à l'éviter, se cache, court de tous côtés : le phallophore la supplie; puis, menaçant, il poursuit la femme avec frénésie. La musique a suivi les mouvements des acteurs : le rythme se précipite; les sons de la flûte deviennent plus perçants, le tambour est frappé à coups redoublés; enfin, l'homme est vainqueur, et les cris des assistants accompagnent sa victoire. La seconde partie du drame commence : la femme vaincue devient à son tour exigeante : le phallophore fuit, et la lutte ne finit que lorsque celui-ci se dérobe, en s'échappant du cercle des assistants, ou lorsqu'il abandonne sur le champ de bataille son arme désormais inutile, dont la femme s'empare et qu'elle promène triomphalement aux applaudissements de la foule.

« Les indigènes prennent un très vif plaisir à ce divertissement, et il n'est pas rare de les voir recommencer deux fois de suite cette scène avec des variantes propres aux différents interprètes du drame. »

Les érudits (je n'écris que pour eux) voudront peut-être savoir ce qu'on entend par « phallophore » dans les campements de la province de Constantine, à Souk-Theas ou à Aï-Gultar. L'intelligent zouave français nous le dit :

« Les tirailleurs algériens qui, presque chaque soir, se livraient au camp à ce genre de divertissement, employaient simplement un capuchon d'ordonnance (bleu-noir), roulé en forme de *penem* dont le bout velu était indiqué par un renflement à la partie supérieure : enfin ils coiffaient cette sorte de tête d'une calotte de zouave, de couleur rouge, ou d'un morceau d'étoffe de même nuance, arraché à quelque pantalon de militaire.

« D'autres fois, mais plus rarement, ils prenaient un assez gros morceau de bois, qu'ils revêtaient encore d'un capuchon, ficelé de manière à lui donner la forme décrite précédemment ; quant à la partie supérieure, recouverte également d'un lambeau d'étoffe rouge, un artiste primitif la sculptait plus ou moins habilement d'une tête d'homme plus ou moins bizarre. »

Ce n'est pas sans un long regard en arrière que j'ai consigné ces jeux phalliques conservés depuis l'antiquité sur le sol africain. N'y faut-il pas voir, ainsi que dans les actes de Karagueuz, une source détournée des lois mystérieuses de la reproduction ? Et je ne peux mieux terminer qu'en donnant l'opinion d'un érudit : « Dans l'antiquité, disait-il, la puissance génératrice se présenta la première comme digne des adorations des hommes ; elle fut symbolisée dans les organes où elle se concentre ; et alors nulle idée de volupté, même légitime, ne vint se mêler au culte de ces objets sacrés. »

II

SAINT GUIGNOLÉ, D'APRÈS LES ÉRUDITS

ET LES VOYAGEURS

« N'oublions pas, dit l'auteur d'un *Voyage dans le Finistère fait en 1794 et 1795*[1], de parler du fameux saint Guignolet et de cette cheville éternelle,

---

1. Cambry, *Voyage dans le Finistère fait en 1794 et en 1795.*

si favorable à la fécondité. Puisque la religion catholique a fait des saints des dieux du paganisme, Priape pouvait-il être oublié ? Le bois de cette cheville râpée était avalé par les femmes infécondes : elles concevaient au bout de quelque temps. Les méchants prétendaient que les moines voisins aidaient beaucoup à ce miracle : je n'en crois rien, » ajoute charitablement l'auteur.

III

« Dans les environs de Brest, à l'extrémité du vallon où coule la rivière de Penfel, était la chapelle du fameux saint Guignolé ou Guingalais. Ce saint, appelé Guinolé, Guignolé, Guignolet, Gunolo, Vennolé, Guingluais, Winwalocus, fut le premier abbé de Landevenec, en basse Bretagne, l'an 480. C'est sans doute le rapport qui existe entre son nom et le mot *gignere*, qui a valu à ce saint les attributs et les vertus de Priape. Son signe phallique consistait dans une longue cheville de bois qui traversait sa statue d'outre en outre et se montrait en avant d'une manière très saillante. Les dévotes du pays en agissaient avec saint Guignolé, comme celles du Puy avec saint Fontin, celles de Bourg-Dieu avec saint Guerlichon. Elles raclaient dévotement l'extrémité de cette cheville miraculeuse, et cette raclure, mêlée avec de l'eau, composait un puissant antidote contre la stérilité. Lorsque, par une cérémonie souvent répétée, cette cheville était usée, un coup de maillet donné par derrière le saint la faisait aussitôt ressortir en avant. Ainsi, toujours raclée, elle ne paraissait point diminuer : le coup de maillet faisait miracle [1] ».

IV

« Au fond du port de Brest, au-delà des fortifications, en remontant la rivière, il existait une petite chapelle, auprès d'une fontaine et d'un petit bois qui couvre la colline ; dans cette chapelle était une statue en pierre honorée du nom de saint. Si la décence permettait de décrire Priape avec ses indécents attributs, je peindrais cette statue. Lorsque je l'ai vue, la chapelle était à moitié démolie et découverte, la statue en dehors, étendue par terre et

---

1. J. et D*** [Dulaure] : *Des divinités génératrices ou du culte du phallus chez les anciens et les modernes*. Paris, 1805. In-8.

sans être brisée; de sorte qu'elle existait en entier, et même avec des réparations modernes, qui me la firent paraître encore plus scandaleuse. Les femmes stériles, ou qui craignaient de l'être, allaient à cette statue; et, après avoir gratté ou raclé ce que je n'ose nommer, et bu cette poudre dans un verre d'eau de la fontaine, ces femmes s'en retournaient avec l'espoir de devenir fertiles[1]. »

V

« On voit, près de Leuglay, le mont sur lequel est bâtie la chapelle de Saint-Phal, dont la fête est l'occasion d'une foire annuelle, la plus importante du pays, qui existe depuis la plus haute antiquité et correspond par sa tenue aux fêtes de Bacchus du printemps. Nous croyons que cette chapelle a été précédée par un temple à Bacchus, dans lequel on adorait le Phallus. S'il fallait produire des preuves de cette conjecture, nous rappellerions l'ornement principal des églises placées sous le vocable de Saint-

---

[1] J.-B. Harmand : *Anecdotes relatives à quelques personnes*, etc., p. 90. Paris, 1814.

Phal, son analogie avec le Phallus antique, puis l'usage que l'on en fait le jour des noces dans certaines localités, enfin la proximité de Leuglay qui a hérité, à ce qu'il paraît des attributs de ce temple, car il n'y a pas longtemps encore les femmes stériles s'y rendaient en pèlerinage pour obtenir la fécondité[1]. »

VI

« On sait d'ailleurs que le culte du Phallus a été général chez les peuples de l'antiquité, et qu'il s'est conservé dans la Gaule sous divers travestissements. Il suffit de rappeler le saint Fontin de Varages, en Provence, celui d'Embrun, celui de Poligny, celui de Cruas, près de Viviers, celui de Vendre, celui d'Auxerre, celui du Puy-en-Velay, celui de Gironet, où Anne d'Autriche, femme de Louis XIII, alla en pèlerinage ; le saint Greluchon, de Bourg-Dieu, diocèse de Bourges ; le saint Gilles du pays de Cotentin, le saint René d'Anjou, le saint Guignolet, de Brest,

---

1. Leclerc. *Archéologie celto-romaine de l'arrondissement de Châtillon-sur-Seine.* Paris, 1839. In-8°.

etc., etc. Le saint Phal, ou plutôt les bons saints de Leuglay avaient les mêmes vertus.....

« L'église de Bretenières, près de Dijon, est sous le vocable de Saint-Phal, dont la fête se célèbre le 16 mai.....

« A Gemeaux on voit encore, dans *lai rue desô lai roiche*, les attributs de la génération, gravés sur une vieille maison que la tradition dit avoir appartenu aux Templiers [1]. »

VII

« Ce même saint Guignolet était honoré dans une chapelle du village de la Chatellette, commune d'Alichamp en Berri, canton de Saint-Amand (Cher). Là, les femmes stériles venaient faire des neuvaines, invoquaient le saint fécondateur, raclaient sa branche phallique, et la poussière qui en résultait, infusée dans du vin, était avalée par ces dévotes, en attendant le miracle. Le curé avait soin de pourvoir à ce que le

---

1. *Sobriquets des villes et villages de la Côte-d'Or, recueillis par Clément Janin. Quatrième partie. Arrondissement de Châtillon.* In-8°. 1878. Pages 47 et 48.

phallus, souvent raclé, se conservât toujours dans un état digne du grand saint Guignolet. Un archevêque de Bourges supprima le saint et interdit le curé auquel il était profitable; mais la dévotion des femmes stériles a continué jusqu'à la Révolution, comme l'assurait encore, en 1806, M. Pajonnet, savant antiquaire et curé d'Alichamp [1]. »

VIII

« Il existe, dans la commune de Saint-Martin-de-Boscherville (Seine-Inférieure), au hameau de Genetey, sur la lisière de la forêt de Roumare, une chapelle de Saint-Gorgon, qui est du xvi° siècle, dépendant d'un manoir du xiii°. Cette chapelle est un lieu de pèlerinage, qui était naguère la cause d'une « assemblée » très fréquentée par la population rouennaise. On y mangeait force dindons, ce qui ne peut dater que du xvi° siècle, au plus tôt; mais on y vendait publiquement des représentations, en verre émaillé, des organes sexuels de

---

[1] A. D. L'*Intermédiaire des chercheurs et curieux*, 25 janvier 1878.

l'homme et de la femme, ce qui doit dater de beaucoup plus loin. Filles et garçons s'en paraient, en les suspendant à un ruban, et en ayant soin d'intervertir les sexes. Cet usage a cessé depuis une quarantaine d'années environ.

« Les « Saint-Gordon », comme on appelait ces objets de verre, auxquels on n'attachait aucun prix jadis, sont devenus excessivement rares aujourd'hui, et si le Musée d'antiquités de la Seine-Inférieure en conserve, ce n'est que depuis peu.

« A Rouen, André Pottier, — à Paris, le graveur en médailles Depaulis et Sauvageot, — en possédaient. Nous ne savons ce qu'ils sont devenus à leur mort[1]. »

---

1. Alf. D. [Alfred Darcel] *Intermédiaire*, 10 février 1878.

LA
CARICATURE AU JAPON

LA CARICATURE
AU JAPON

I

DU CARACTÈRE JAPONAIS

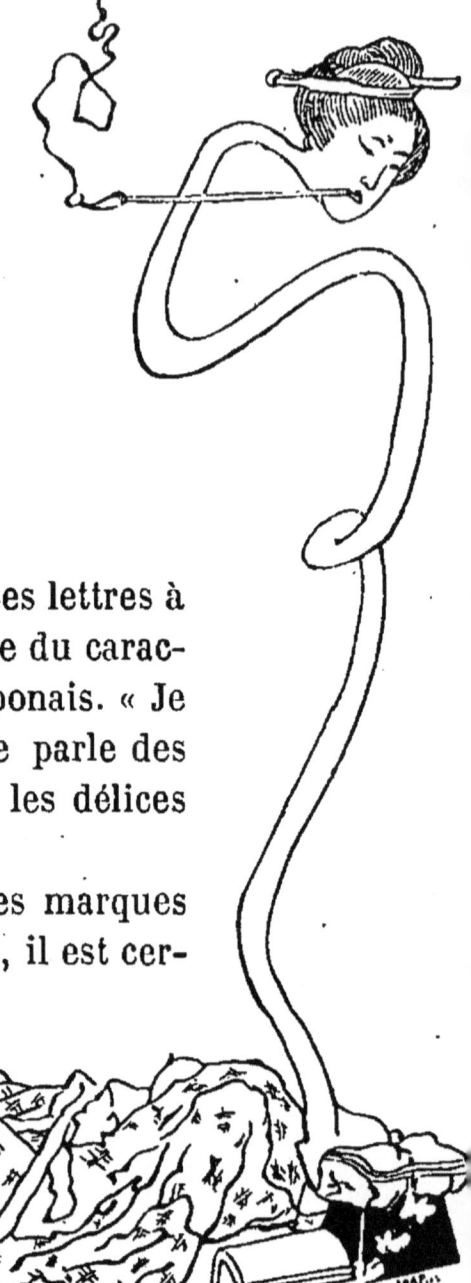

Saint François Xavier, dans ses lettres à Ignace de Loyola, fait grand éloge du caractère et de l'intelligence des Japonais. « Je ne saurais finir, dit-il, lorsque je parle des Japonais ; ils sont véritablement les délices de mon cœur. »

Sans aller aussi loin dans ces marques sympathiques un peu mellifues, il est certain que le Japonais est facilement accueilli en Europe, grâce à son air ouvert, sa bonne humeur et sa vive compréhension de toutes choses.

De taille médiocre, jaune comme s'il avait été conservé dans une boîte à cigares, souvent grêlé et assez profondément, le Japonais fait oublier ces défauts de physionomie par des yeux vifs, interrogateurs et qui préviennent en sa faveur. Il rit facilement, se met sans contrainte au ton de son interlocuteur, répond vivement ; aussi l'a-t-on appelé le français de l'extrême Orient.

Sans entrer plus qu'il ne convient ici dans l'étude de la religion, des lois, du sol, que les voyageurs ont approfondie dans divers ouvrages, on doit indiquer comme ayant exercé une action sur la race japonaise le petit Code appelé *Gokaï* ou les cinq Lois, basées sur ces préceptes moraux :

Sé-Séo, ne rien tuer ;
Tsou-to, ne rien dérober ;
Siain, ne pas manquer à la chasteté ;
Mago, ne pas mentir ;
Onsiou, s'abstenir de liqueurs fortes.

Il est certain que tout homme qui obéit à ces sages préceptes peut aspirer au *mens sana in corpore sano* des Latins. Je n'affirmerai pas, tant l'appréciation d'une race et d'un peuple étranger est délicate, que tous les Japonais obéissent strictement à des préceptes si moraux. On peut toutefois, en marge du *Gokaï*, mettre à l'actif du Japonais une sorte de philosophie populaire dont le dicton suivant me semble empreint :

> Buvons, chantons; à un pied devant nous est la nuit noire.
> Les fleurs tombées ne retournent pas à leurs branches.

De cette philosophie découlent un contentement dans le travail, une gaîté particulière sur laquelle tous les voyageurs sont d'accord; mais je ne l'ai vue nulle part plus vivement exprimée que par le baron de Hubner dans son remarquable *Voyage autour du Monde* :

« Tout rit dans ce pays : le ciel, la végétation, les hommes. Voyez les pauvres gens qui vous portent ! Ils ne cessent de rire, de bavarder. La sueur perle cependant tout le long de leur corps bronzé. Toutes les deux ou trois minutes ils changent d'épaule ; c'est l'affaire d'une seconde. Nous avons chacun quatre koulis qui se relaient. Dans les montées, ceux qui sont libres aident leurs camarades en appuyant les mains contre le dos des porteurs. De dix en dix minutes, ils ne se relèvent jamais sans s'être préalablement livrés à un combat de politesse :

« — Vos Grandeurs doivent être fatiguées ? — Du tout, votre Grandeur se trompe.

« Et de nouveaux rires et de nouvelles protestations. »

Heureuses natures qui font penser à la philosophique résignation de notre ancien *bonhomme Misère,* sans les tourmentes et les agitations modernes du peuple en Europe.

C'est qu'il faut le dire, chez les nations où la civilisation occidentale ne fait que pénétrer, le plus mince salaire suffit à l'homme ; rendant ses services pour quelque monnaie, il regarde comme un *devoir* de se prêter au travail aussi courageusement que possible ; ses *droits,* qu'il ne connaît heureusement pas, ne fournissent aucun prétexte à d'amères récriminations, à des révoltes comme dans les pays où il est appelé à fournir de la chair à canon. La civilisation arrive toujours trop tôt avec ses codes, son armée de fonctionnaires, ses impôts ; et c'est là une importante étape que suit le peuple japonais. Aussi convient-il de l'étudier dans son passé, alors que la gaîté régnait en souveraine sous le gouvernement des daïmios.

Je viens de visiter une fois de plus l'importante collection Cernuschi, que Paris possédera un jour grâce au testament du citoyen généreux mêlé si profondément à nos luttes intestines, et qui, cependant, connaissant bien les défauts de la nature française, n'a voulu se souvenir que de ses qualités.

Ce qui me frappe par-dessus tout dans le Musée Cernuschi est un détail qui concorde avec mon sujet et par là prime le reste pour moi. Sur certaines figurines éclate une expression de gaîté qu'il me paraît difficile de retrouver avec la même intensité chez un autre peuple.

L'idéal du rire, je l'ai poursuivi pendant une vingtaine d'années, plus en archéologue qu'en esthéticien ; ses diverses formes je les ai recherchées, de Maccus à Punch, chez les anciens et les modernes. Les Japonais pourraient concourir pour le prix du rire et fournir aux physiologistes le sujet d'une thèse sur l'expansion, l'hilarité sans bornes considérées comme une source de santé inaltérable.

Le rire chez la femme, dans tout son épanouissement, n'a guère été indiqué que par les Japonais ; aussi ont-ils représenté cette accentuation de la gaîté sous toutes les formes, et l'ont-ils peinte, sculptée, gravée, confiant à l'ivoire, au pinceau, à la pointe la mission de porter au-delà des mers la bonne humeur féminine de leur nation.

La femme européenne est distraite parfois par un trait d'esprit ; elle s'en amuse un moment ; mais il lui manque cette violence d'hilarité réservée à l'homme qui, pensant fortement, ayant plus de soucis, est parfois délassé et enlevé à la poursuite de graves intérêts par la bienveillante nature si sagement pondératrice qui lui a permis de « rire à ventre déboutonné [1]. »

---

[1]. Je n'ai guère constaté qu'une fois en France cette bruyante et bienheureuse gaîté chez la femme. On jouait le *Bourgeois gentilhomme* au Théâtre-Français un dimanche, en matinée. Au balcon, une bourgeoise, sans doute peu blasée par l'abus des

Les historiens parlent d'un temple romain consacré au Rire; Okamé serait digne d'en être la déesse. Quelle salutaire impression en eussent reçu ceux qui entraient dans le sanctuaire le teint jaune, le front plissé !

La femme prête si peu au grotesque que nos caricaturistes hésitent à déformer les traits d'une célébrité féminine lorsqu'ils font figurer dans leur Panthéon de la parodie les plus grandes et les plus respectables figures.

Au théâtre, c'est une exception que l'actrice qui a le véritable sens du comique, et elles ne comptent que bien incidemment les comédiennes qui peuvent rivaliser avec les amuseurs des scènes de second ordre. C'est qu'un rien suffit pour que la femme perde sa nature délicate et devienne presque répulsive si elle prend une part trop directe aux propos scabreux de Tabarin, de Gorju et de Gros-Guillaume.

Okamé, dans son hilarité qui se communique aux joues, n'offre certes pas la distinction des dames d'honneur à la cour; mais elle est pleine de bonhomie. Son épanouissement est candide comme chez

---

spectacles, se laissait aller « toute à la joie » sans s'inquiéter si elle troublait par des rires immodérés les acteurs et le public.

Je crus entendre ce jour-là la bonne Okamé, la plus joufflue, la plus joyeuse des Japonaises, celle que le peintre Hokou-Saï et ses imitateurs ont représentée si épanouie, avec une telle bonne humeur qu'elle ferait sourire un misanthrope.

toutes les grosses personnes très étoffées en chair, qui semblent avoir en privilège une douceur inaltérable.

D'après une ancienne légende japonaise, lorsque Amateras aux longs cheveux, personnification du

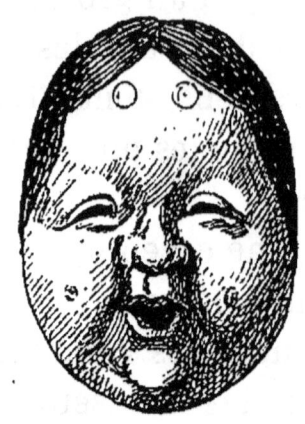

Okamé.
D'après un ivoire japonais.

Soleil, se retira triste et mécontent de la conduite de son frère Solanoo, dans une grotte sombre qu'il ne voulait plus quitter, la bonne Okamé[1], tenant en main le sistre sacré, vint danser devant l'ouverture de la grotte.

En voyant le sourire épanoui de la grosse personne, le Soleil, honteux de sa mélancolie, se montra de nouveau.

---

[1]. Son véritable nom est Ousmé; Okamé devint le nom populaire.

Okamé, enlevant le Soleil à sa torpeur, est restée, rien que pour ce fait, la favorite des Japonais; ils sourient en la regardant; elle rit des malices du peuple qui l'adore; avec elle, tout est permis; aussi, le peintre Hokou-Saï s'en est-il diverti dans ses albums comme un chat qui joue avec une grosse pelotte de laine.

Bien différents en ceci de nos aïeux qui se complaisaient à représenter dans leurs facéties la bonne femme par une femme sans tête, les peintres japonais ont doté le masque d'Okamé d'une configuration très développée en forme de poire, et il n'est pas rare sur les enseignes de trouver une de ces aimables créatures accotée de deux autres petites rieuses de la même famille [1].

On m'objectera peut-être que les mêmes albums d'Hokou-Saï, sur lesquels je reviendrai à propos des grasses au Japon, sont remplis d'élégantes créatures, sveltes, fines, qui font penser à la fois aux femmes de Tanagra et de Germain Pilon.

Courtisanes séduisantes en effet qui, enveloppées dans leurs robes traînantes, laissent entrevoir des corps allongés que d'autres dessinateurs ont montrés nus au bain, sans autres voiles qu'un morceau d'étoffe dans leur petite bouche de cerise; créatures singulières qui, mêlées à des drames

---

1. J'ai donné au Musée ethnographique du Trocadéro une enseigne de cette nature.

Négociants japonais, d'après Hokou-Saï.

terribles avec de féroces porteurs de sabres, semblent des femmes peintes sur des vases grecs, mêlées à des scènes mythiques et à des mystères religieux.

De ces Japonaises si séduisantes je crains qu'il ne faille en rabattre et les mettre au compte d'artistes qui, épris d'une certaine beauté, ont créé un type d'élégance n'existant peut-être que dans leur imagination.

En 1878, quelques Japonaises étaient venues se montrer à l'Exposition universelle du Champ-de-Mars.

L'idée était ingénieuse et il eût été à souhaiter que pour relever quelque peu l'aridité des congrès archéologiques chaque pays européen eût envoyé un groupe de belles femmes.

J'imagine que ces beautés exotiques étaient un dessus de panier de Tokio et qu'on n'avait pas pris les laiderons du Japon pour les exhiber. Elles obtinrent peu de succès et n'eurent pas besoin de porteurs de sabres pour défendre leur vertu. Petites, courtes, grasses, elles manquaient, enroulées dans leurs robes, du charme mystérieux des courtisanes des albums.

On en parla peu ; il est vrai qu'elles étaient reléguées dans un coin du Champ-de-Mars ; mais aucun chroniqueur de l'époque, à ma connaissance, ne signala l'enlèvement de ces petites Japonaises, et elles durent retourner au pays des daïmios, quelque peu froissées du manque de galanterie française.

Il n'en eût pas été de même si la gaie Okamé, cette « madame Grégoire » de l'Extrême-Orient, eût tenu un *bar*, servi par d'appétissantes créatures à son image.

II

LA DANSE DE LA PLUIE

Un voyageur français, qui débarquait à Tokio, se rendit, après dîner, avec quelques amis, à la *Chaya*. La *Chaya* est, au Japon, ce que sont en Europe les hôtels, les cafés, avec cette différence toutefois qu'au lieu d'être servis par des « garçons » désagréables, de jolies jeunes filles, généralement souriantes et polies à l'excès, se montrent prévenantes pour les voyageurs. A peine les étrangers étaient-ils entrés que quatre aimables *Geishas* se levèrent pour danser la *Ame ga òdori,* c'est-à-dire : « la Danse de la pluie. »

Rien de joli comme le nom de ces demoiselles : *Moemotaro*, Fleur de pêcher ; *Coden*, Parfum d'encens ; *Kokumatzu*, Essence de vertu ; *Kumau,* Rêve de poésie.

« Impossible d'imaginer, de rêver, s'écrie le narrateur, quelque chose de plus gracieux, de plus coquet que ces quatre jeunes filles tenant leur éventail d'une main et un petit parasol en papier de l'autre; elles exécutaient devant nous, tout en chantant, les danses les plus curieuses, les pantomimes les plus expressives.

« Voici *la Danse de la pluie*. Quelques jeunes filles se préparent à sortir et aller faire les belles dans les rues de la capitale. Elles portent des toilettes superbes, s'admirent en jouant de l'éventail, et sont sûres de faire tourner toutes les têtes. A peine sont-elles dehors qu'un gros nuage apparaît à l'horizon. Grande inquiétude. Elles ouvrent leur parasol et font mille grimaces charmantes pour montrer combien elles craignent de gâter leurs jolies toilettes. Quelques gouttes de pluie commencent à tomber; les jeunes filles hâtent le pas pour rentrer chez elles. Un coup de tonnerre se fait entendre et annonce une averse terrible.

« Alors, au moment où on s'y attend le moins, les quatre danseuses saisissent à pleines mains leurs robes qu'elles relèvent d'un seul coup jusque sous leurs bras, et, se retournant subitement, se mettent à courir, dévoilant tout à coup une rangée de petits derrières effrayés qui se sauvent à toutes jambes... [1]. »

J'ai laissé au narrateur la description de ce petit drame qui certainement eût fait sourire Sterne;

---

1. Émile d'Audiffret. *Notes d'un Globe-Trotter. Course autour du monde de Paris à Tokio, de Tokio à Paris.* Paris, Plon, 1880.

mais comme il me restait quelques doutes sur une pareille représentation qui ne se voit figurée sur aucun album japonais, un interprète de légation à qui je demandai si les détails de la Danse de la pluie étaient exacts, me répondit :

— Le touriste qui a rapporté le fait mérite d'être cru ; il convient cependant d'ajouter que ces danseuses, qui jouissent à Tokio d'une réputation comparable à celle de nos premiers sujets de l'Opéra, ne jouent leurs ballets qu'en petit comité. Les étrangers riches les font appeler et paient très cher leurs séances. N'allez pas plus loin et ne croyez pas que les mœurs de ces danseuses soient dissolues, malgré la liberté de leurs fantaisies chorégraphiques.

Les petits drames égrillards qu'elles traduisent en pantomime répondent à la nature d'esprit des Japonais qui est « croustillante », dans le sens qu'en France on attache au mot.

Le Japonais aime la plaisanterie poussée à l'extrême et tout élément de gravelure qui s'y mêle le ravit. Il convient également d'ajouter que l'habitude pour les basses classes de vivre à peu près dans l'état d'Adam et d'Ève, la rencontre dans les bains publics d'hommes et de femmes dont la pudeur ne s'offense pas de la nudité des sexes, donnent naissance à des facéties d'un ordre particulier.

— Voulez-vous une autre comédie de la pluie,

reprend l'interprète, elle sera une preuve de l'heureux caractère des Japonais. J'étais entré un soir, dans un petit théâtre de saltimbanque. Un d'eux faisait des prodiges d'équilibre en compagnie d'un enfant de cinq ans. Ce petit garçon était admirablement dressé et déjà sa mine gaie, ses cris joyeux, ses battements de mains disposaient l'assistance en sa faveur.

Pour terminer, l'équilibriste s'avança sur la terrasse en planches qui sépare en deux les premiers rangs des spectateurs. L'enfant se tenait debout sur la tête du saltimbanque; pour bien prouver la tranquillité avec laquelle il exécutait ses tours de gymnastique, le petit clown japonais aspergea tout à coup les spectateurs à sa portée d'un liquide semblable à celui qui s'échappe du Manneken-piss flamand.

Le saltimbanque continuait à s'avancer sur la terrasse comme s'il eût tenu à faire bénéficier les nombreux spectateurs de ce jet d'eau naturel. Les Japonais, même ceux mouillés par une pluie si imprévue, semblaient au comble de la joie, s'essuyaient et allaient conter à leurs amis qui n'avaient pas assisté à la représentation la nouvelle invention du saltimbanque.

Il me parut à la mine des gens, à leurs rires, qu'un réel succès dramatique était obtenu à peu de frais; mais je ne sais si à chaque représentation l'enfant était prêt à recommencer.

De telles libertés que prennent les acrobates japonais avec le public m'ont été confirmées par divers voyageurs qui avaient séjourné au Japon et dont

Saltimbanques japonais.

les récits sur les mêmes sujets sont concordants. Si quelques esprits moroses s'en scandalisaient, il ne serait pas difficile de leur montrer des analogies en Europe dans nos anciens conteurs et jusque chez les plus grands maîtres de la peinture.

Rembrandt n'a-t-il pas représenté *l'Enlèvement de Ganymède* par Jupiter sous la forme d'un aigle?

Le bel enfant est tellement ému de se voir enlevé dans les nuages que son émotion se traduit par une pluie naturelle qui, traversant les espaces, retombe sur la tête des humains et leur fait croire à une rosée bienfaisante.

Ces deux récits prouvent la gaîté naturelle des Japonais, le plaisir qu'ils prennent à tout spectacle imprévu, la philosophie avec laquelle ils supportent au besoin les petits accidents de l'existence.

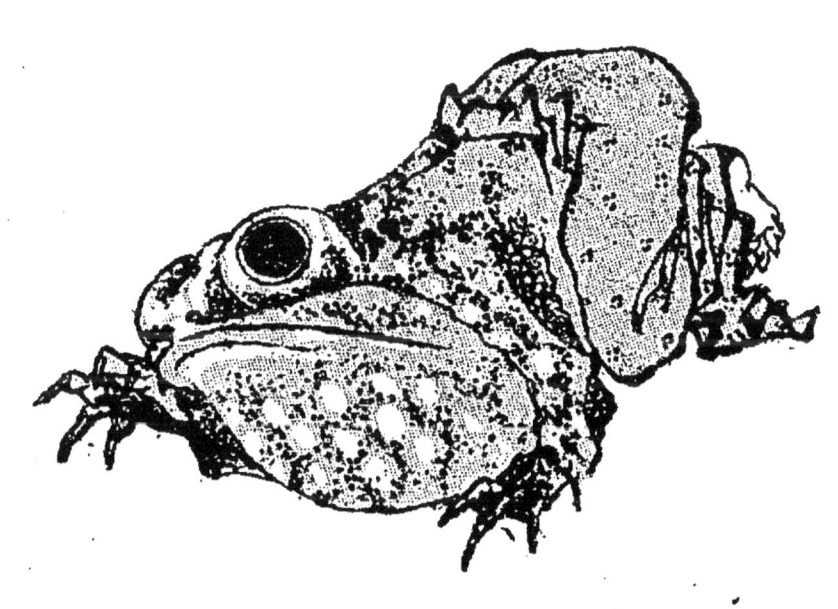

III

DU CARACTÈRE GÉNÉRAL DES DESSINS COMIQUES JAPONAIS
ET DES MOTIFS QUI Y ENTRENT HABITUELLEMENT.

Il est difficile de nettement circonscrire les diverses séries concernant le comique, le satirique, la charge, le grotesque; la lutte et l'enjambement sont constants dans le domaine de la parodie et c'est ce qui a élargi considérablement le sens du mot « caricature » en Europe. Gaies peintures de mœurs, scènes familières des basses classes, incidents burlesques fréquents dans les divertissements de petites gens, certains écrivains les fusionneraient volontiers avec les nombreux accessoires qui forment le champ de la caricature; d'autres en feraient une sorte d'avantgarde joyeuse où tous les personnages marcheraient sous le drapeau de la bonne humeur.

Si la confusion se produit déjà en Europe par les monuments et les gravures, quel embarras s'empare du curieux qui se trouve en face d'images orientales! Parfois elles manquent de texte explicatif ou, malgré la traduction d'après des planches chargées de caractères, elles fournissent un sens obscur et favorisent les interprétations les plus contraires.

Il faut donc de la prudence en pareille matière, se garder d'affirmer, proposer une glose plutôt que de l'imposer, car n'est-ce pas le véritable rôle de l'érudit que de savoir s'effacer et céder sa place, alors que postérieurement des études poussées plus avant modifient un système laborieusement conçu et le renversent avec d'autant plus de fracas qu'il a été présenté avec autoritarisme? Érudition, c'est transformation permanente.

Le peu que je sais sur le Japon, je l'ai appris en trente ans; pendant trente ans j'ai amassé des matériaux. Si je n'ai pas fait connaître au public mes recherches depuis cette époque, c'est que diverses études m'appelaient ailleurs; elles m'auront servi, je l'espère, à acquérir quelque méthode; avec l'âge également est venu un prudent scepticisme remplaçant les trop cassantes affirmations de la jeunesse.

En feuilletant de nouveau les images recueillies en vue d'une élucidation du comique oriental et en posant les jalons qui indiquent la voie de la caricature japonaise, je placerai en première ligne les caprices bizarres, les cauchemars et les rêves, quoiqu'ils semblent appartenir exclusivement à la classe des dessins fantastiques; mais la déformation des personnages, leur singulière façon d'agir, l'outrance des membres et des mouvements du corps, si elles provoquent la stupéfaction plutôt que la gaîté, fournissent cependant des matériaux aux dessinateurs voués au comique.

Un jour un érudit tentera sans doute une histoire comparée des masques chez tous les peuples. Les

Acteur japonais masqué.

Japonais pourraient l'augmenter de types nombreux. A ces masques se rattachent les multiples grimaces chères à un peuple qui a conservé un esprit enfantin et que la déformation des traits par divers moyens, inconnus même à nos meilleurs « grimes », paraît égayer.

La surabondance lymphatique chez l'homme et la femme a également préoccupé les Japonais. Dans maints albums on trouve des représentations d'hommes gras ainsi que des oppositions de la graisse à la maigreur. Cet étalage de chairs devait être étudié comme un des motifs favoris des caricaturistes de l'Extrême-Orient.

Les renards, les rats, les belettes, les brochets et les pieuvres, égayent considérablement en tous pays l'enfant lorsque ses yeux se portent sur les hauts faits et les travestissements de ces animaux; au Japon, ils appartiennent plutôt au domaine de la légende et du conte; il m'a semblé juste d'en donner un court aperçu en marge d'études sur le comique japonais.

La plupart de ces sujets exigeraient un commentaire scientifique développé; je l'ai esquissé plutôt qu'approfondi, préférant les images au texte. Le dessin n'est-il pas un trait d'union qui relie l'Orient à l'Occident, une langue universelle que comprennent tous les peuples?

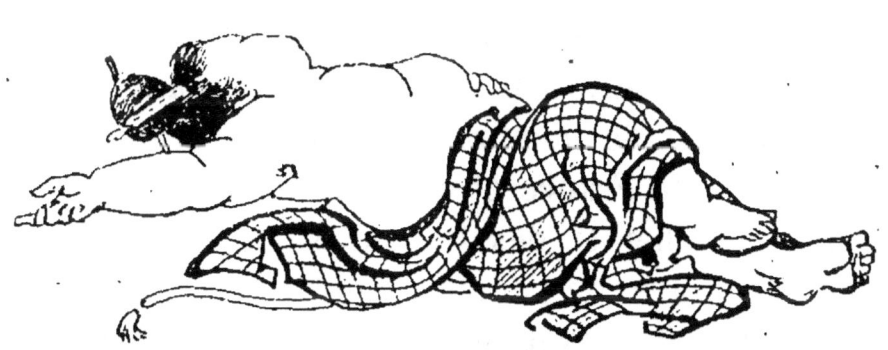

Femme grasse, d'après Hokou-Saï.

IV

DES ANIMAUX CONSIDÉRÉS COMME SYMBOLES DE L'HOMME DANS
LES CONTES ET LES IMAGES POPULAIRES AU JAPON.

On voit dans nombre d'albums japonais des représentations de renards ; habillés de vêtements d'hommes, ils imitent ses actes et ses travaux. Sans être le seul animal mêlé aux traditions populaires et aux légendes du Japon, le renard y occupe cependant une place plus importante que le chat ou le rat, le brochet ou la pieuvre ; vraisemblablement la finesse et les ruses du renard lui ont acquis en Orient comme dans l'Occident cette popularité qui s'était déjà traduite par des fables dans l'antiquité, ainsi que par de nombreux poèmes satiriques au Moyen-Age, en France et en Allemagne.

Sans chercher si des transmissions légendaires n'ont pas eu lieu de peuple à peuple, je crois plutôt à un fonds d'observations communes aux diverses races, qui poussent l'imagination poétique ou satirique aux mêmes résultats.

Dans ce courant d'idées, les Japonais, grands emprunteurs, me paraissent avoir été influencés par les Chinois dans la composition de ces légendes où l'animal joue un rôle mystérieux; sans doute ils ont élargi et façonné, suivant leur manière de voir, le cycle des croyances populaires de leurs voisins; il est difficile de n'y pas reconnaître des traits de parenté.

Dans un volumineux recueil de contes chinois, *Histoires à réveiller le monde*[1], l'auteur énumère les malheurs arrivés à un certain Wang-Tchin, pour avoir troublé à la campagne des renards dans leurs méditations.

Deux renards sauvages, appuyés contre le tronc d'un vieil arbre, tiennent devant eux un livre écrit. La patte fixée sur l'écriture, ils discutent comme feraient deux érudits qui ne sont pas d'accord sur le passage douteux d'un texte. Wang-Tchin a la malheureuse idée de lancer des balles, à l'aide de son arbalète, contre les animaux; blessés, ils fuient en abandonnant sur le gazon leur livre. Le chasseur le ramasse, cherche à le lire ; mais les pages sont couvertes d'indéchiffrables caractères semblables à des têtards.

A partir de cet événement, les Renards-Fées usent de mille enchantements pour rentrer en possession

---

[1]. La Bibliothèque de l'Arsenal possède un exemplaire incomplet de ce recueil.

de leur grimoire. Wang-Tchin possède de beaux habits; mais lorsqu'il veut faire toilette sa robe de soie devient une feuille de bananier desséchée; de vieilles tiges de nénuphar remplacent son bonnet de gaze; au lieu de brillants morceaux de jade qui

L'armée des renards, d'après Hokou-Saï.

ornaient sa robe, ce sont de méchants ronds de bois taillés dans le tronc d'un saule pourri.

Le serpent rampe, le tigre bondit, chacun selon l'espèce à laquelle il appartient. Les renards possèdent des livres divins auxquels ils attachent un grand prix[1].

Ce conte chinois des Renards-Fées déchiffrant leur grimoire, les Japonais, sans en faire l'objet d'un

---

1. Voir les *Renard-Fées* dans le *Choix de Contes et Nouvelles*, traduits du chinois par Théodore Pavie. In-8°. Paris, Benjamin Duprat. 1839.

petit drame aussi complet, l'ont appliqué à des rats fort savants en apparence. Et c'est ainsi que Hokou-Saï les a représentés, étudiant le texte d'un livre sous la direction bienveillante d'un professeur.

En Europe, nous verrions dans ce dessin la symbolisation d'animaux rongeurs, « dévorant » au figuré des livres dans une bibliothèque dépourvue de chats. Mais pourquoi compliquer l'intellect des artistes japonais et le surcharger de nos inductions à double sens? La représentation des rats parodiant certains actes de l'homme suffit pour intéresser un peuple facile à amuser.

En d'autres circonstances les Japonais ont chargé les renards de jouer un rôle plus important. De même que dans nos contes de fées, un prince tombe éperdument amoureux d'une belle jeune fille, il cherche à s'approcher d'elle en tous lieux. Un soir que la jeune fille s'est laissée aller au sommeil sur un lit de chrysanthèmes, le prince aperçoit une queue de renard passer sous la robe de sa maîtresse. Pour échapper aux sorcelleries de la magicienne qui peu à peu a repris tout entière sa physionomie de renard, l'amoureux décoche à l'animal une flèche à la tête ; le lendemain la jeune fille reparaît toujours séduisante, mais blessée au front. C'en est fait : le prince est guéri de sa passion.

Milford, dans *Tales of Old Japan*[1], a rapporté

---

1. Londres, 1871.

d'autres légendes qui tendent à montrer qu'il ne faut pas badiner avec la réputation des renards.

Dans une soirée, un des invités, Tokutaro, voulant se donner comme un esprit fort, contredit un des assistants qui signale les exploits des renards; lui, Tokutaro, traite ces récits de fables.

La soirée touche à sa fin. Tokutaro se met en mesure de traverser un bois pour regagner sa demeure. Sur la lisière passe un renard qui fuit; bientôt après apparaît une jeune fille. C'est, à n'en pas douter, l'animal qui a pris cette forme. Tokutaro écoute la jeune fille et essaie de lui faire croire qu'il prend plaisir à son entretien ; mais il regarde avec une extrême attention si un bout de la queue du renard ne frétille pas sous la robe.

Tous deux arrivent ainsi chez les parents de la jeune fille que Tokutaro connaît.

— Vous croyez peut-être, dit-il en les prenant à part, que c'est votre fille que j'accompagne?

— Sans doute.

— Détrompez-vous, c'est un malin renard.

— Notre fille ! Un renard ! répond la mère. Quelle grossière impertinence !

Pour convaincre les gens, Tokutaro prend à bras-le-corps la jeune fille et la roue de coups dans le but de lui faire reprendre sa forme d'animal; mais il frappe si violemment la prétendue sorcière qu'elle tombe sur le sol sans vie.

Au comble de la fureur, les parents appellent leurs

voisins; ils se jettent sur Tokutaro; lui aussi va périr lorsqu'un prêtre qui passe par là écarte les assaillants, plaide en faveur du meurtrier et obtient sa grâce à condition qu'il entrera dans les ordres, après avoir subi la tonsure.

Tokutaro accepte et se soumet à l'opération; mais il n'en reste pas moins accablé, à demi privé de sentiment.

Tout à coup, le malheureux entend un éclat de rire. Le jour paraît. Tokutaro se retrouve sur la lisière du bois, à l'endroit où le renard lui est apparu la veille. N'était-ce qu'un rêve? Les renards l'ont-ils mystifié pour avoir médit d'eux? En se frottant les yeux avec la main, Tokutaro sent son crâne rasé. Honteux, il rentre chez lui; mais ses compagnons le bafouent de telle sorte que, vaincu par ses ennemis, Tokutaro est définitivement contraint de se faire moine.

Dans d'autres contes, le renard devient la personnification de l'être obligeant. Hokou-Saï me paraît avoir voulu le figurer ainsi dans ses albums, soit qu'il aide un passager à traverser l'eau dans une barque, soit qu'il porte sur son dos, malgré la fatigue, un lourd fagot coupé dans un bois.

Ce dernier dessin témoigne d'une sorte de commisération pour les pauvres gens, sentiment qu'on rencontre rarement sous le crayon des railleurs japonais.

Le même cahier d'images contient un défilé, pendant la pluie, d'une troupe de renards armés. Tous ces porteurs de fusils et d'étendards, tambours en tête, marchent avec résignation, la tête basse. Je ne cherche pas autre chose dans la pensée du dessinateur qu'un effet de pluie et l'abattement qu'elle produit, pendant une longue étape, parmi les troupes les mieux disciplinées. (Voir le dessin page 143.)

D'après Hokou-Saï.

Le renard occupe dans les superstitions populaires une place presque aussi importante que dans les fabliaux européens. Un Japonais qui parle de « la noce du renard » se sert d'un dicton correspondant à celui des paysans français quand ils disent que « le diable bat sa femme ».

Les conteurs japonais se plaisent à faire disputer le renard avec le chat et avec le blaireau ; ce sont trois compagnons qui usent largement du privilège de tourmenter les hommes et de leur jouer de mauvais tours.

Les contes merveilleux qui roulent sur leurs exploits rempliraient des volumes et sont tellement répandus que, si on prie un Japonais de conter une histoire, il ne manque jamais de commencer par citer l'un de ces trois héros, aussi célèbres que le sont en France *le Chat botté* ou *l'Oiseau bleu.*

Le chat surtout a fourni forte matière aux humoristes du pays; ses mines, sa souplesse, ses allongements voluptueux, ses patelardises, ses gros dos névralgiques, ses caresses intéressées, le jeu de ses prunelles qui font du chat le confident des poètes, ont séduit les Japonais; aussi ont-ils pris l'animal comme prétexte à des travestissements ingénieux. J'aurais plaisir à m'étendre sur ce sujet si je ne l'avais jadis traité avec développement dans le livre *Les chats;* d'amusantes gravures y sont jointes dont je peux faire l'éloge en toute liberté : l'ouvrage manque en librairie depuis dix ans.

Un autre animal, la pieuvre, fort commune sur les côtes du Japon, fournit un élément fantastique cher aux peintres de ce pays. Ils l'ont transformé parfois en être hybride tenant de l'homme et du poisson, avec un allongement de crâne qui ne contient guère plus de matière cérébrale qu'une vipère à la tête aplatie. (Voir vignette page 174.)

Quant aux brochet, renard, cheval mêlés dans une

action commune, je renverrai les vrais japonisants au texte même des albums où sont traitées ces sortes de scènes ; mais je dois noter l'opinion d'un voyageur qui trouvait un caractère satirique dans

D'après Hokou-Saï.

ces représentations d'animaux et disait des peintres japonais, en parlant des restrictions d'un code sévère :

« Tout cela ne les empêche pas d'ailleurs de rire un peu sous cape, prudemment et discrètement, du daïmio ou du bonze, voire du Taïkoun lui-même, et de caricaturer les uns et les autres, soit dans les représentations théâtrales, soit dans les croquis populaires, sous la figure du matamore, sous le déguisement du renard, du rat ou de la belette. »

V

LES GRAS ET LES MAIGRES

Tous ceux qui se préoccupent quelque peu d'iconographie connaissent certainement les deux planches, *les Gras et les Maigres,* d'après Breughel. La conception en est simple, comme celle des œuvres de génie.

Des gens gras sont occupés à faire ripaille dans une cuisine, au plafond de laquelle semblent suspendus les abatis et les quartiers de lard d'un troupeau de cochons tout entier. A la porte se présente un maigre musicien, dont les os pourraient faire par leur cliquetis un accompagnement à la musette dans laquelle souffle le malheureux.

— Va-t'en, lui crient les gras, qui ont horreur de ce malingreux jetant des regards affamés sur leurs victuailles; va-t'en, ta vue nous empêche de digérer!

Dans l'image qui forme pendant, une chambrée

est pleine de calamiteux, longs comme un jour sans pain, aussi aplatis que des harengs qui sortent de la caque, déguenillés à fendre l'âme. Par mégarde, un gras est entré dans le galetas des maigres et,

Femme grasse, d'après Hokou-Saï.

comme ces grabataires l'invitent à leur tenir compagnie, il se sauve en criant :

— Non, non, vous êtes trop pauvres, trop panailleux.

Les commentateurs ont eu raison de ne point

chercher à approfondir ce qu'a voulu prouver Breughel.

L'*idée* du vieux maître consiste dans l'opposition de la graisse à la maigreur, des montagnes de chair à l'anatomie des pauvres gens, et sa conception est telle que la première planche où bâfrent les gras est comique ; celle des maigres peut avoir la même valeur esthétique : elle est sinistre.

La graisse a toujours été un élément de gaîté, depuis l'antiquité jusqu'à nos jours. Lucien raille les hommes du vulgaire, qu'il appelle « les gens gras. » Silène, le dieu de la graisse par excellence, n'a jamais passé chez les anciens pour une des divinités distinguées de l'Olympe.

Falstaff est gras, Sancho est gras ; gens plaisants mais couards.

Les Japonais ont suivi le même sentier et taillé en pleine graisse leurs petits drames, plus sommaires que celui de Breughel.

Tout pour le peintre japonais gît dans un croquis.
— Voilà les gras, disent-ils.

C'est ainsi que Hokou-Saï a empli des pages d'albums de goinfres accroupis qui se préparent à bien boire, de marchands de poissons découpant leur marchandise, d'hommes dont les articulations engorgées permettent à peine de renouer leurs cordons de chaussures.

Circulant avec peine, de grosses petites dames vont à la promenade ; des femmes grasses s'essoufflent à des travaux domestiques ; des fainéantes, à leur toilette, posent du fard sur leurs joues rebondies. Croquis expressifs et d'une grande justesse de mouvements.

A quelques pages de là, Hokou-Saï a dessiné en opposition des maigres : deux hommes devant une

Femme grasse à sa toilette,
d'après Hokou-Saï.

sorte de table à trictrac, aussi détachés des choses du monde que nos joueurs d'échecs, des portefaix dont le bâton chavire sur les clavicules des épaules, des lutteurs émaciés effrayants de consomption, des gens étendus sur la terre dans laquelle leurs côtes forment trou, des femmes arrangeant leur chevelure avec un reste de coquetterie, d'autres se querellant et se prenant aux cheveux. Il est possible que Hokou-Saï ait voulu faire preuve de science anatomique ; mais dans cette contre-partie la gaîté lui fait défaut comme à Breughel.

Maigreur, c'est manque de tout, misère et froidure. Si John Bull, ballonné de viandes rouges et

Femme maigre à sa toilette.
D'après Hokou-Saï.

de *porter* épais, prête à la raillerie, on n'a jamais fait une caricature plaisante avec l'Irlandais affamé.

Les danses macabres du Moyen-Age, avec leur mise en scène de squelettes, satiriquement morales telles que le comportait l'enseignement du christianisme, dépouillent l'homme de sa fortune, de ses dignités et montrent la carcasse d'un roi égale à celle du dernier de ses sujets. Symbole égalitaire qui fait que le riche avec ses trésors ne vaut pas plus que le mendiant.

Les mêmes peintres de fresques qui fournirent à Holbein les principaux motifs de ses graves et sarcastiques compositions, en employant le squelette comme l'acteur en vue de leurs drames, introduisaient dans l'art un élément tout à fait fantastique.

Le squelette mis en branle prend des proportions surhumaines qui font défaut à l'homme maigre, car un reste de vie ne laisse-t-il pas prévoir encore mille souffrances avant que le souffle ne s'échappe de ses pauvres chairs? Mort ne doit pas être confondu avec moribond.

Plus d'une fois je me suis demandé, en feuilletant ces albums japonais, si les peintres d'Yeddo n'avaient pas eu connaissance des arts occidentaux, si *les Gras* et *les Maigres* de Breughel n'étaient pas tombés entre les mains d'Hokou-Saï. Les relations entre la Hollande et le Japon sont anciennes ; un échange de produits aurait pu faire circuler au Japon des estampes qui, au XVIIe siècle, étaient très répandues et n'avaient pas alors la valeur que la rareté leur a attribuée depuis.

On voit parfois, en tête des petits cahiers d'images populaires japonaises, une tête de jeune fille qui offre par la simplicité magistrale de l'exécution une sorte d'analogie avec les figures de petites infantes de cour dont le pinceau de Velasquez a été prodigue.

Jeux de maigres, d'après Hokou-Saï.

Dans certains autres caprices d'Hokou-Saï, il semble qu'une influence de Goya ait préoccupé l'artiste ; cependant l'histoire du Japon fournit des renseignements positifs sur la fermeture du pays du Nippon aux Européens, sauf aux Hollandais, et il est difficile d'admettre que les marins d'Amsterdam et de Rotterdam aient introduit à Yeddo comme objets d'échange ou de commerce des gravures hollandaises et des peintures espagnoles.

On en serait réduit à se dire que l'art crée à des distances considérables des parentés singulières, semblables à ces graines portées par le vent au delà des mers, qui déposent leur germe et font pousser tout à coup une fleur exotique ; mais certains documents inédits relatifs à l'histoire d'Espagne, publiés dans ces dernières années, mentionnent qu'en 1580 quatre ambassadeurs de la cour d'Yeddo vinrent à Madrid et visitèrent dans tous leurs détails les richesses de l'Escurial.

Le rédacteur du manuscrit espagnol constate que ces ambassadeurs, émerveillés des magnificences du palais de Philippe II, parlaient souvent d'en faire mention dans des récits spéciaux à leur retour au Japon.

Ces digressions dans un chapitre sur les gras et les maigres ne sembleront peut-être pas inutiles à ceux qui se préoccupent des courants mystérieux d'art international. L'analogie du naïf et du comique est fréquente entre les peuples primitifs et les peuples civilisés. Le Japonais ne saurait être regardé comme un peuple primitif; porté à l'imitation, il a fait montre plus d'une fois de nature simiesque vis-à-vis de laquelle les esprits réfléchis doivent se tenir en garde, tout en reconnaissant à ce peuple d'autres qualités plus primesautières.

Gras faisant ses ablutions,
d'après Hokou-Saï.

VI

LA DANSE DES MORTS AU JAPON

I

A l'époque où l'Église en France, en Allemagne et en Suisse montrait dans une série de peintures le néant de l'homme, un enseignement de même nature était donné aux Japonais du xii° siècle par un prêtre. Ces courants philosophiques circulant entre l'Europe et l'Empire du Soleil-Naissant n'ont rien qui puisse nous étonner. Depuis l'antiquité, les hommes appelés à diriger leurs concitoyens devaient se préoccuper du phénomène de la vie aboutissant à la mort. Quoi de plus fertile pour les esprits méditatifs que le prologue de ce drame, la vie, suivi de l'épilogue, la mort, auquel n'échappe nulle créature humaine !

Dans la vie qu'il est appelé à parcourir, l'homme le plus heureux goûte des plaisirs, amasse des richesses, recueille des honneurs. Vain remplissage qui masque le dénouement ; il n'en faudra pas moins quitter ces dignités, ces trésors, ces jouissances avec plus de regret encore que d'autres perdent leur misère et leur servage.

L'Église, fidèle aux doctrines du christianisme, fit toutefois pencher la balance au profit des humbles et des malheureux. Aux grands et aux riches, à tous ceux qui avaient opprimé ou exploité les peuples, l'Église montra dans un miroir implacable que la Mort était sans cesse à leurs côtés, riant d'une impitoyable grimace : ni trônes, ni couronnes, ni tiare, ni épée ne désarmaient le terrible adversaire, auquel un coup de faux suffisait pour anéantir la suprématie, les dignités et cette bourre de hochets factices que les hommes s'imaginent compter pour quelque chose.

Ce dédain pour les grands, cette sympathie pour les petits seront toujours comptés à l'avoir du catholicisme. Ce n'est pas que les philosophes anciens eussent manqué d'envisager de haut la grave question de la vie, de la mort; mais, en Égypte et en Grèce, l'art ne se prêtait pas à peindre le délabrement de l'homme dans sa sèche anatomie et les monuments qu'on trouve à ce sujet sont tout à fait exceptionnels.

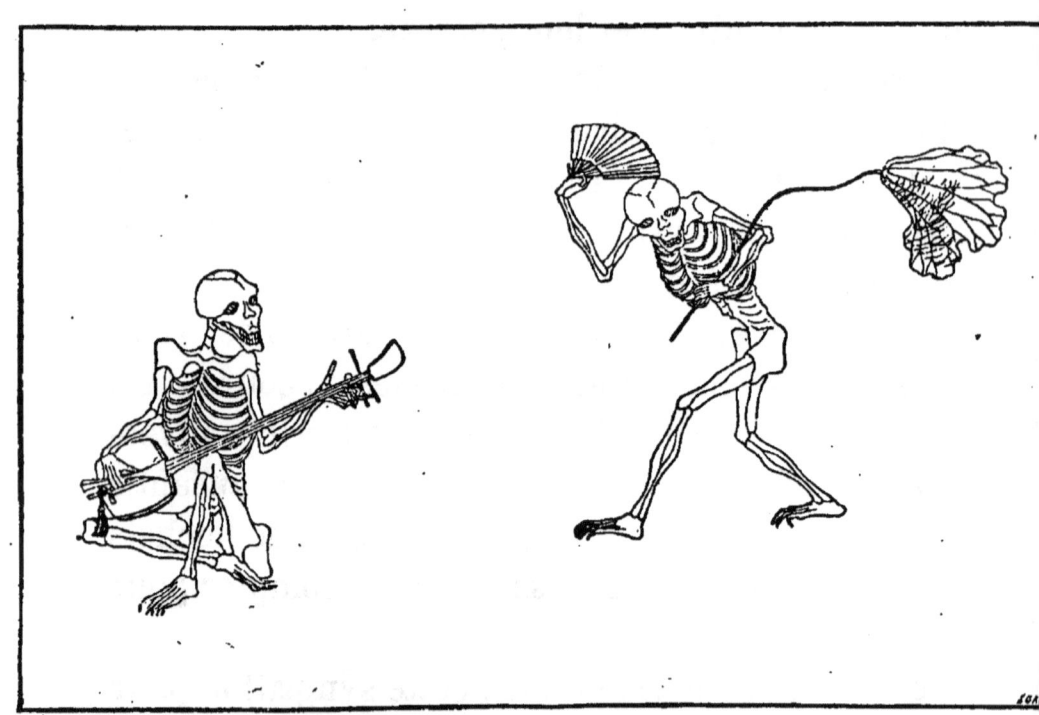

Jeux de squelettes, d'après un album japonais du commencement du siècle.

II

J'ai feuilleté depuis vingt-cinq ans bien des albums japonais ; des milliers d'images ont passé sous mes yeux avant de donner corps à ces études ; elles se répètent à satiété dans leur interprétation de romans, de poésies et de contes. Et pourtant une seule fois deux personnages macabres jouant d'instruments de musique offrirent quelque diversité aux représentations habituelles ; dessinées avec une certaine précision de contours, ces figures, tirées d'un album qui paraît remonter au commencement du siècle, ne me permettaient de tirer d'autres conclusions qu'un emprunt fait par un dessinateur de Yeddo aux danses de morts européennes. Se conformant au caprice japonais qui se joue de toute méthode, le motif macabre, sans légendes ni inscriptions, était précédé et suivi d'études de plantes et de fleurs, comme si une bizarrerie exotique était tombée sous les yeux d'un peintre et l'avait entraîné à quitter ses études d'histoire naturelle pour y joindre la curieuse interprétation de squelettes se raillant des plaisirs de la vie.

Cela me semblait d'autant plus probable que jusqu'alors aucune trace de représentation véritablement macabre ne m'avait frappé dans les albums

Fac-similé d'une planche du *Suïbodaï*.

roman de 1809. Collection Hayashi.

japonais; mais en lisant les récits des voyageurs qui ont abordé aux rives du Nippon, ma déconvenue était la même que celle amenée par les images à texte japonais presque intraduisibles, des bribes de renseignements ne satisfaisant jamais et excitant plutôt mon désir de voir clair dans certains traits graphiques.

C'est que les gens d'esprit sont rarement envoyés en mission par les gouvernants et que ces hommes, qui devinent l'envers des choses, ont qualité pour pénétrer au fond des mœurs d'un peuple et en rapporter ce à quoi ne peuvent prêter attention des agents consulaires, des philologues, des militaires, des médecins, des universitaires.

La civilisation, qui ne connaît que le côté pratique de la vie, oublie qu'un Gérard qui part pour Constantinople, y promène ses pas rêveurs, regarde en clignant les yeux, étudie le répertoire de Caragueuz, se lance par les ruelles à la poursuite d'une femme, en apprend parfois plus sur les mœurs d'un pays qu'un jurisconsulte.

Cet humoriste a aimé à l'étranger. Et la femme n'est-elle pas le livre dans lequel l'homme puisse le mieux étudier ?

Demandez à l'un de ces esprits fantasques ce que pense le peuple qu'il visite; qu'il conte les plaisirs, les fêtes auxquels il s'est mêlé, et vous serez étonné des piquantes observations recueillies par ce musard, qui, sans en tirer vanité, a plus appris à l'étranger qu'un membre de l'Académie des sciences morales chargé de mission. Car l'homme d'esprit, tel que je le comprends, a la conscience et la prescience des choses ; il y joint un sens intuitif assez développé pour que la porte d'une maison fermée lui en apprenne autant que s'il pénétrait dans l'intérieur.

Mais quel gouvernement chargera d'une mission un tel homme ?

III

Un mien ami, voyant mes préoccupations en matière d'art japonais, me mit en relations avec M. Hayashi, négociant résidant à Paris. Comme je demandai à M. Hayashi très versé dans les matières qui touchent à l'histoire de même qu'aux mœurs et coutumes de son pays, quelle était la cause de la rareté des danses de morts au Japon, il me répondit en me mettant sous les yeux, presque aussitôt, un album qui contenait quelques-unes de ces représentations.

Suivant M. Hayashi, Ikkiu était un prêtre du xiie siècle, dont la doctrine était basée sur la fragilité des choses humaines et la fausse interprétation que les hommes se font des plaisirs de la vie.

Ikkiu se plaisait dans la société des *djoros* (courtisanes); une d'elles, la plus réputée par sa beauté,

Djoro (courtisane japonaise).
Couverture d'album secret.

devint son disciple et fut comme l'Aspasie de ce Socrate.

Naturellement les gens s'étonnèrent de rencontrer un prêtre en pareille compagnie; Ikkiu répondit par une sorte d'apologue que la sensualité sur terre était chose vaine.

L'homme, suivant lui, s'enorgueillissait à tort de ses avantages physiques ; il n'était que néant et il suffisait, pour s'en convaincre, de le considérer dans sa dépouille dernière ; de même, tous les plaisirs et toutes les jouissances qu'on prend sur la terre sont quasi imaginaires, semblables au squelette, ombre de l'être vivant.

Ces doctrines anciennes, un écrivain japonais les prit en 1809 pour thème du roman *Suïbodaï*, qu'on peut traduire par le titre de *Philosophie du néant dans l'ivresse*.

Une des images qui met le mieux en relief l'enseignement philosophique du prêtre Ikkiu comporte deux actions, l'une extérieure, l'autre intérieure, suivant la tradition des dessinateurs japonais. Au premier plan, à la porte d'une maison de thé, des filles de joie élégamment coiffées et habillées de robes somptueuses apportent des vases et tout ce qu'il faut pour préparer le thé et le *sakké*, liqueurs chères à tout Japonais ; c'est le prologue du drame. A l'intérieur, des musiciens jouent de la flûte et du *sam-sin* (guitare à trois cordes), harmonie idéalement sensuelle que le peintre a symbolisée par l'anatomie des exécutants. Au milieu d'un autre groupe de squelettes féminins qui jouent de l'éventail et font des grâces, le prêtre Ikkiu montre la vanité de la chair et le peu de cas que l'homme doit faire de la beauté et des charmes des courtisanes.

Je ne voudrais pas médire de la doctrine morale du prêtre, quoiqu'elle me paraisse commode. S'enivrer, ainsi que le montre une autre planche et rendre le superflu de la boisson aux poissons, goûter aux plaisirs de la table en disant : Qu'est-ce que cela ? Se plaire dans la société d'aimables filles en prêchant l'inanité de leurs charmes, constitue une vie qu'accepteraient volontiers les libertins. Com-

bien d'eux diraient volontiers : squelette ! en prélevant préalablement une dîme sur un beau corps avant qu'il soit flétri par la vieillesse et touché par la faux de la Mort !

On serait en droit de m'accuser d'avoir négligé de faire entrer dans ce chapitre les nombreuses fantaisies macabres sculptées sur ivoire par d'ingénieux artistes japonais ; elles pourraient en effet fournir le sujet d'une intéressante étude d'art tout spécial.

Pourquoi l'ivoire a-t-il été fouillé si profondément au Japon pour en faire saillir, en même temps que des singeries burlesques, des têtes de mort, des squelettes entrevus capricieusement dans des attitudes fantasques qui font penser, par le précieux de l'exécution, aux entourages d'Holbein pour son célèbre *Alphabet de la Mort?*

C'est une question que je n'ai pu résoudre jusqu'ici, et c'est ce qui fait que, dans un premier plan, j'ai réservé un sujet qui demandait plus de matériaux; mais je compte bien revenir sur ce sujet curieux et compléter un jour le chapitre.

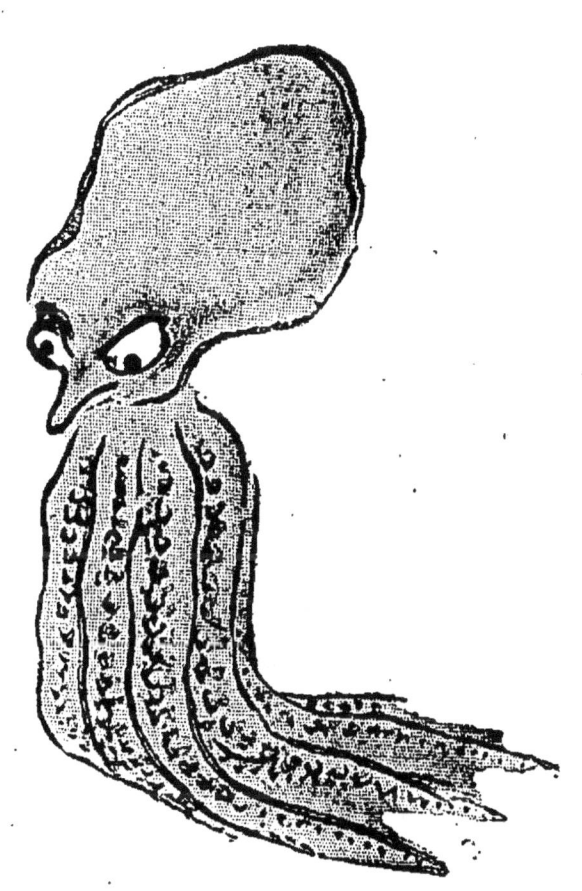

VII

PROVERBES JAPONAIS

Il m'est arrivé, au cours de ces études relatives à des peuples dont les voyageurs ne faisaient connaître qu'imparfaitement les mœurs, de recourir à leurs proverbes ; le bon sens de la nation y est souvent condensé en peu de mots ; dans ces creusets s'est fondue la finesse d'une race.

Quel est le personnage le plus vivant du roman de Cervantes? Sancho. Il semble un confident de bas étage ; pourtant cet intarissable forgeur de proverbes prend par instant le dessus sur son maître de la Triste Figure, et en traits joyeux il fait connaître, peut-être mieux que don Quichotte, la nature espagnole. Aussi le livre des *Cent Proverbes japonais*[1] sem-

---

1. *Cent Proverbes japonais*, par Francis Steenackers et Tokunasuké. Paris, Leroux, 1886. Un vol. in-4º.

blait-il arriver à point au moment où l'art du pays de Nippon nous a indiqué des sources précieuses de documents que l'érudition en retard ne nous permet pas encore d'étudier dans d'utiles traductions.

Les proverbes, ces aphorismes de la sagesse populaire, sont, comme l'a très bien dit un jésuite, « des axiomes ou décrets de l'expérience populaire, généralement passés en usage comme une monnaie qui a cours sans contestation dans toute une contrée[1]. »

MM. Steenackers et Tokunasuké ne se sont pas tenus à la définition des proverbes, telle que la donnent nos dictionnaires ; ils ont recueilli tout ce qui est locution usuelle, tour de phrase particulier au peuple japonais, et voici, je crois, le motif qui a guidé les auteurs : l'imagerie, très développée au Japon, a pris parfois pour motifs de légendes les façons de parler des basses classes qu'on pourrait presque appeler proverbiales. Voulant relever leur ouvrage par le piquant de l'illustration, les auteurs ont commenté ces images et ces textes ; grâce à eux, on pénètre au fond de légendes et de dessins qui resteraient capricieux et incompréhensibles, sans leur interprétation.

J'en citerai certains exemples afin de bien faire comprendre la méthode des auteurs.

---

1. *Quelque six mille Proverbes*, par le P. Ch. Cahier, de la Compagnie de Jésus. Paris, Lanier, 1856, in-18.

Les avares,
d'après une vignette des *Cent Proverbes japonais*.

Le premier est un véritable proverbe :

Une mauvaise action court mille ris.

C'est-à-dire : une mauvaise action court plus vite que le vent; elle parcourt mille lieues à la minute, malgré les soins que met son auteur à la cacher.

L'amour filial, le plus sacré des devoirs au Japon, a produit avec divers dessins la locution suivante :

Il y a des devoirs de trois branches chez les pigeons.

Dans le peuple, on prétend que les jeunes pigeons perchent trois branches plus bas que leurs parents pour leur témoigner le respect. (Voir dessin p. 191.)

Décoller des zeni[1] est une observation de mœurs dont on pourrait donner l'équivalent en français par *couper un liard en quatre,* car les avares ne manquent pas plus au Japon qu'en Europe. La passion de l'argent a été symbolisée par le peintre japonais à l'aide d'un trait harpagonesque ingénieusement trouvé. (Voir dessin page 177.)

Pendant que sa vieille femme décolle les zeni et d'un en fait cinq, un avare compte ses richesses et, pour ne pas user de lumière, il s'éclaire à la lueur de son ongle qu'il a allumé! Mais cette hyperbole comique poussée à l'extrême ne désarme

---

1. Pièce de monnaie de très mince valeur.

pas un démon, qui s'approche avec la mission d'entraîner dans l'autre monde ces deux avares.

*Même les rayons de Bouddha sont proportionnés
à l'or qu'on lui offre.*

Ici on rentre dans le domaine satirique à la Lucien, c'est-à-dire que l'artiste qui a dessiné le croquis suivant ne craint que modérément la foudre des dieux. (Voir dessin page 229.)

Je laisse l'interprétation de l'image à MM. Steenackers et Tokunasuké :

« On voit ici une statue de Bouddha recevant les dons de gens riches qui lui font des offrandes à profusion ; le dieu empile l'or qu'on lui jette et, le pressant sous son bras avec amour, il prodigue ses rayons et sa faveur aux riches suppliants; mari et femme sont comblés de bienfaits.

« Tandis que le dieu accable de faveurs ces individus, il repousse de la main droite, d'un air méprisant, deux misérables vieillards qui n'ont à lui offrir qu'une misérable monnaie enveloppée dans du papier. Les pauvres vieux, stupéfaits de cet accueil, regardent avec envie les gens riches auxquels tous les honneurs sont prodigués. »

Je recommande aux auteurs dramatiques le dessin relatif au mot : *Il y a des oreilles dans le mur.* A l'intérieur d'une muraille que déblaye un maçon se détache tout à coup, sur fond noir, une énorme oreille blanche avec ses cartilages menaçants. Employé avec tact par d'habiles faiseurs, ce symbole d'un tyran cruel à qui rien de ce qui se dit dans son entourage n'échappe produirait, je le crois, un certain effet à la scène et ferait oublier la désespérante monotonie de nos comédies bourgeoises.

Il y a des oreilles dans le mur.
Proverbe japonais.

Une apparition d'un ordre plus graveleux se fait jour à l'aide de la locution *Uwasa o sureba Kagé ga sasu.*

Les estampes libres et plus que libres sont communes au Japon; on s'en passe volontiers la fantaisie dans les hautes classes, et MM. Steenackers et Tokunasuké en ont donné un comique exemple.

« Dans un palais de daïmio, quelques dames

de compagnie s'amusent à causer du sexe fort et regardent en cachette des images légères; ces dames, assises autour d'une *hibatshi* (brasero), examinent ce qui les intéresse à la lueur d'une lanterne. Au plus fort de la conversation, pendant une discussion soulevée par un dessin plus pimenté que les autres, elles voient tout à coup apparaître sur un châssis garni de papier une figure qui a la forme d'un phallus gigantesque, ce qui cause une émotion bien légitime aux personnes qui s'occupaient de lui.

« La vue de cet objet désiré, mais inattendu, leur cause une peur atroce : l'une d'elles se renverse les jambes en l'air; l'autre, en se relevant brusquement, fait chavirer la théière; la troisième se cache la figure derrière sa manche.

« Tout ce désordre est causé par un samuraï; il écoutait la conversation des dames, et, pour être plus à l'aise, il s'est appuyé sur un *tsudjiandô*; la lanterne projette son ombre sur le *chôdji* (châssis) sous la forme entrevue par ces dames. »

Le commentaire du dessin ne me paraît pas avoir été suffisamment exprimé par les auteurs; il y manque la moralité, non pas telle que nous la comprenons en Occident, mais ainsi que vraisemblablement elle est apparue à l'artiste.

Le dessinateur a montré sa griffe satirique, qui écarte un coin du rideau dissimulant la liberté des mœurs japonaises. Ne faut-il pas voir dans cette

Uwasa o sureba Kagé ga sasu.
Proverbe japonais.

image populaire la critique des femmes des hautes classes qui, blasées, ont recours à des excitants sensuels inconnus aux gens du peuple ?

De semblables traits de mœurs empruntés aux dessinateurs d'images me semblent toutefois insuffisants pour rendre le sens moral des proverbes d'une nation, et je ne peux croire que le peuple japonais ne soit à même de nous fournir un code de maximes populaires semblables à celles qui ont cours en Chine.

La civilisation chinoise, que la campagne du Tonkin nous apprendra peut-être à connaître plus à fond, a de rudes proverbes qui émanent d'esprits soucieux, et les gouvernants habiles doivent prendre garde à un peuple qui vit sur des aphorismes tels que : *Mieux vaut essuyer une larme de paysan que d'obtenir cent sourires du ministre.*

Comme dans ces féeries où un souverain abusant de son autorité reçoit d'une main invisible un violent soufflet pour le châtier de chaque action inique, l'homme du peuple se venge, lui et ses semblables, par des proverbes forgés avec des misères, des rancunes, le sentiment du juste, la haine du mensonge, le mépris des richesses mal gagnées.

N'est-ce pas la revanche légitime des petits sur les grands, de l'opprimé sur l'oppresseur, du pauvre sur l'homme bourré d'écus que cette question malgré sa rusticité : *Qu'est-ce qu'un sot qui a fait fortune ? Un pourceau qui ne sait quoi faire de son lard.*

16.

Ce sont de semblables proverbes, qui existent à foison en Chine, que je voudrais, maintenant que nous possédons l'interprétation de locutions populaires, voir traduire du japonais.

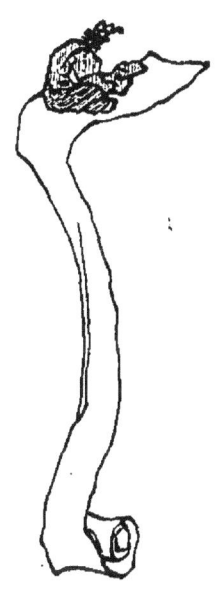

VIII

HOKOU-SAÏ : SES PRÉDÉCESSEURS, SES SUCCESSEURS

Quoique heureusement jusqu'ici les Japonais aient été privés d'académies et d'écoles des beaux-arts, une sorte de classement pour toute représentation de l'homme ou de la nature ne s'est pas moins imposé à ce peuple. Ce classement, qui répond peut-être plus à un besoin d'étiquetage méthodique qu'à des divisions hiérarchiques, ne place pas moins au sommet de l'art, de même qu'en Europe, les peintres religieux reproduisant les légendes du culte bouddhique, en dessous les peintres de scènes historiques, à un échelon inférieur les peintres de paysages, d'oiseaux, de fleurs, et tout au dernier degré ceux qui retracent les scènes de mœurs populaires et qui, froissés par le laid, qu'il ressorte des hautes ou des basses classes, promènent parfois un archet grinçant sur la chanterelle de la satire.

Ce n'est pas que le Japonais, de nature gaie, entre bien profondément dans la représentation du ridicule. Sa malice est plutôt à fleur de peau ; cependant, à s'en rapporter à M. Émile Guimet[1], un prêtre bouddhiste du xiiie siècle donna l'exemple de ce manque de respect par le crayon : « Kakuu-Yu, dit le voyageur, entreprit de réformer les mœurs en se livrant à la caricature satirique. L'avarice des grands, la mauvaise administration étaient représentées par des allégories gaies, énergiques, saisissantes. »

Je n'ai pas vu les allégories satiriques de Kakuu-Yu ; aussi poserai-je prudemment le pied sur le terrain de l'art populaire des siècles passés.

Pour former trait d'union et quasi enchaînement avec les images dont j'essaie de donner un court historique, je note le renseignement suivant, dû à un voyageur français :

« Au xvie siècle, Ivassa se rendit célèbre dans le genre populaire, appelé *Oukiyo-é*, et, au siècle suivant, Hishi-Kava, continuant cette école, reproduisit les scènes de la vie ordinaire avec un tel succès que les éditions de ses œuvres se vendent encore dans les boutiques à bon marché. Il fut, en quelque sorte, le Teniers du Japon. »

Ainsi la satire, de même que la peinture des mœurs des classes populaires, aurait fourni des spécimens tout particuliers du xiiie au xvie siècle, et déjà des noms d'initiateurs seraient attachés à deux

---

1. *Promenades japonaises*, par Émile Guimet. Paris, Charpentier, 1880, in-4°.

branches d'art qui, tout indépendantes qu'elles paraissent, se rattachent à un même tronc.

Il était réservé au Paris d'il y a vingt-cinq ans de se prononcer plus nettement sur l'œuvre d'un maître capricieux, moins archaïque, que les artistes adoptèrent pour ainsi dire. Vers 1855, quelques peintres et poètes, toujours en quête de nouveautés, firent la fortune d'un magasin aussi bien fourni en étoffes et en bronzes japonais qu'en albums et en feuilles volantes aux colorations pleines de saveur. Il existera toujours dans le monde parisien un petit groupe de chercheurs d'imprévu, doués d'une vue qui pénètre plus loin que la vue de la foule. Ces hommes qui, suivant un mot du sculpteur Préault, trouvent des truffes sans être des porcs, imposent leurs jugements aux masses et, sans laisser de réputation, font la réputation des autres. De ce petit groupe s'échappa le rayonnement d'Hokou-Saï, un véritable artiste; d'autres, plus réservés, sourirent un peu en voyant l'admiration pour des cahiers de croquis auxquels, disaient-ils, à Tokio on n'attachait peut-être qu'une médiocre valeur. C'est qu'en effet il est parfois hyperbolique au début l'enthousiasme des membres du groupe que j'ai en vue; ils s'enrôlent facilement pour la croisade en faveur d'un homme, jusqu'à ce qu'ils en soient fatigués et l'abandonnent.

La série des divers albums d'Hokou-Saï, dont personne alors ne pouvait traduire les titres non plus que les courtes et rares légendes, fut à cette époque étudiée par un esprit curieux des secrets de tous les arts, mon ami Frédéric Villot, qui dépensait sa fortune en études de toute nature, et jeune encore je fus initié à la campagne qui se préparait par la communication de romans japonais qu'un dilettante faisait traduire pour sa propre jouissance.

Ce sont ces coteries du Paris intellectuel qu'il faut connaître pour se tenir au courant des recherches ; là je puisai les premiers renseignements qui, répondant bien à mes goûts, me permirent de donner dès 1869, sur l'œuvre d'Hokou-Saï, quelques notes dont on me permettra de transcrire un extrait, car, quoique datés de près de vingt ans, mes sentiments ne se sont guère modifiés depuis lors.

« La plupart des vignettes japonaises reproduites dans ce volume, disais-je, sont tirées des cahiers de croquis d'un dessinateur merveilleux qui mourut, il y a environ cinquante ans, au Japon, laissant une grande quantité d'albums, dont la principale série, composée de quatorze cahiers, excita, lors de son introduction à Paris, une noble émulation parmi les artistes.

« Ce peintre, appelé Fo-Kou-Say, et qui est plus populaire sous le nom d'Hokou-Saï, a plus fait pour nous rendre facile la connaissance du Japon que les voyageurs et les professeurs de japonais qui ne savent pas le japonais. Grâce à l'art répandu à profusion dans ces cahiers, on a pu se rendre compte de

Proverbe japonais sur l'amour filial.

la civilisation japonaise et des facultés intellectuelles d'un peuple qui, loin de s'endormir dans la tradition du passé, comme les Chinois, marche résolument à la conquête des découvertes industrielles européennes.

« Ce n'est pas le moment de rendre sensibles ces généralités ; mais telle est la puissance de l'art qu'un simple cahier de croquis ouvre des horizons qu'il est difficile de ne pas signaler.

« Hokou-Saï fut un artiste profondément original, et, quoique certains de ses dessins paraissent offrir de la parenté avec quelques croquis de Goya, on peut affirmer que l'artiste japonais ne connaissait rien des richesses artistiques de l'Espagne, l'œuvre de l'auteur des *Caprices* étant, il y a cinquante ans, peu populaire en Europe et inconnu, même en France.

« Hokou-Saï trouva dans sa propre nature, dans les institutions de son pays, dans les mœurs et coutumes des habitants, dans la popularité que ses cahiers de croquis obtinrent, matière à exercer son génie, et plus qu'un autre j'ai été frappé de ce génie, à cause des études dont j'avais besoin pour mes travaux [1]. »

L'époque actuelle compte un certain nombre de très brillants écrivains qui veulent être admirés pour le précieux de leurs écrits. Ils se proclament

---

1. Champfleury, *les Chats*, 1re édition. 1868.

volontiers des initiateurs en toutes choses et font savoir au public qu'ils ont découvert le Japon ; oui, eux tout seuls vraiment, à les en croire, ont enfoncé les portes de cet empire fermé jusque-là.

J'ai montré qu'à M. Frédéric Villot et à quelques-uns de ses amis était due la popularité des peintres japonais. Depuis, il ne me coûte en rien de le reconnaître, on est entré plus avant dans l'ordre des connaissances japonaises et, pour ce qui touche plus particulièrement Hokou-Saï, on le doit en partie à M. Th. Duret, compagnon de voyage de M. Cernuschi. Alors que cet économiste d'un goût si exercé recueillait les grandes figures du Panthéon bouddhique qu'on voit dans son importante collection, M. Th. Duret allait à l'art plus familier et appelait l'attention des érudits français sur un artiste que depuis les Anglais et les Américains ont étudié de près [1].

Suivant le voyageur, la mode des albums populaires pourrait être fixée à la fin de la première moitié du XVIIIe siècle. Type le *Jiki-shi-ho,* par Morikouni, recueil de neuf volumes, imprimé en 1745.

« L'auteur s'est représenté au frontispice du livre, avec un grand parapluie qui le préserve de la pluie

---

1. Une biographie de Hokou-Saï se trouve dans Dickins, *The Fugaku Hyalukeï or Hundred views of Fuji,* Londres, B. Batsford, 1880 ; également une étude sur Hokou-Saï, par Edward S. Morse, a été publiée par la Revue Américaine *The Art Review.*

qui tombe; il tient une lanterne à la main, sans doute par allusion au but de son livre qui est de faire de la lumière dans les arts du dessin; il s'avance de cet air narquois que savent si bien rendre les artistes japonais, vers une *tori* flanquée d'un grand pin contourné. C'est là une petite page absolument japonaise, qui pourrait avoir été dessinée cinquante ans plus tard, en pleine époque d'Hokou-Saï [1]. »

A l'aide de ces documents français et étrangers, on a quelques données sur la vie et l'œuvre d'Hokou-Saï.

Il naquit en 1760 à Yeddo, dans un quartier plein de fleurs, appelé le *Hondjo*. Son père portait le nom de Murayo Hachiyemon; capricieusement, le fils prit dans ses premières publications divers pseudonymes : *Sori, Tameichi, Saïto,* jusqu'à ce qu'il adoptât définitivement le nom d'*Hokou-Saï,* traduction d' « atelier du Nord », c'est-à-dire du quartier de Katsushika, au nord de Yeddo, habité par le peintre [2].

D'autres documents plus positifs se trouvent à foison dans les albums d'Hokou-Saï; rapidement vus d'un coup d'œil, ils complètent les relations des

---

1. Théodore Duret, les Livres illustrés au Japon, *Gazette des Beaux-Arts*, 1882.

2. « Hokou-Saï se figure à l'aide de deux caractères chinois; pour lui conserver sa réelle physionomie, il faudrait l'écrire en deux parties : *Hokou Saï*, en séparant les parties pour les faire correspondre aux caractères. »

voyageurs sur les mœurs, les croyances religieuses des Japonais, ainsi que sur la configuration du sol et sa flore. Ces dessins clairs et parlants disent en même temps que la nature d'esprit de l'artiste, ses goûts, ses caprices, les visions qui hantaient son cerveau.

A quoi bon aller au Japon pour en rapporter des déconvenues d'idéal, comme il arrive souvent aux gens de trop d'imagination? Ces croquis précis passent de l'hiver à l'été, des grands tapis de verdure aux neiges épaisses; ils transportent le curieux au pied des plus hautes montagnes, dans les ports de mer, au bord des flots agités, sous des nuages menaçants qui font trembler pour le retour des barques de pêcheurs à l'horizon. Les croyances religieuses, les superstitions du peuple japonais, y sont figurées par d'imprévues représentations de divinités bouddhiques singulières; plus fantastiques encore ces guerriers, ces monstres légendaires, ces princesses persécutées qui semblent appartenir au domaine de noirs mélodrames.

La Japonaise donne raison à l'humoriste français qui disait qu'il n'existe dans les cinq parties du monde qu'un seul type de femme avec les mêmes caprices, les mêmes coquetteries, les mêmes légèretés emplissant son cerveau; Hokou-Saï nous montre la femme d'Yeddo toute aux soins de sa toilette, avec ses robes élégantes, entièrement préoccupée de se faire belle.

Japonaise,
d'après un album en couleur.

Veut-on voir le peuple de la ville à ses plaisirs, les populations rurales à leurs travaux? C'est dans les croquis du peintre qu'on les surprend dans la variété de leur condition; de même, l'artiste montre les mendiants, les fumeurs, les gras qui ont abusé de la bonne nourriture, les maigres qui se sont ruiné le corps peut-être par leurs vices. Les mimes, les clowns, les grimaciers sont aussi nombreux à Yeddo qu'à Paris; Hokou-Saï a dévoilé tous leurs tours, leurs exercices gymnastiques, leurs masques.

Pour montrer comment on enseigne la géométrie, le dessin linéaire dans les écoles, le peintre, laissant de côté sa troupe de fantoches, trace de nets contours et devient aussi classique qu'il était capricieux. C'est évidemment en voyant un de ses premiers albums, rapporté par un voyageur [1], que Théophile Gautier disait judicieusement :

« Les Japonais ont le sentiment de l'art; leur goût n'est pas chimérique et monstrueux comme celui des Chinois. M. de Chassiron a joint à son livre des fac-similés d'illustrations tirées de petits traités populaires didactiques. On y voit des planches d'histoire naturelle gravées sur bois avec une singulière intelligence du caractère, du mouvement et de la physionomie des bêtes; ce sont des qua-

---

[1]. Baron Ch. de Chassiron. *Notes sur le Japon, la Chine et l'Inde.* Paris, 1861. Grand in-8°.

drupèdes, des oiseaux, des poissons, des reptiles, des insectes indiqués d'un trait si vif, si libre et si génial, qu'aucun artiste d'Europe ne ferait mieux. Les planches relatives aux travaux de la campagne sont aussi instructives que curieuses.

« Les caricatures décèlent la bouffonnerie la plus humoristique et un profond sentiment du ridicule humain. »

Une qualité qui fait d'Hokou-Saï un maître est de savoir donner à ses compositions les plus étroitement circonscrites l'apparence du grand. Un éléphant, un pic neigeux, la mer, rendent les proportions considérables de la nature sur un modeste cahier où tous les effets sont obtenus discrètement par une sorte de lavis ombreux rehaussé de tons discrets ; je n'analyserai pas davantage les procédés du peintre-graveur, voulant en laisser le bénéfice aux enragés descripteurs qui n'ont rien de mieux à dire.

Ce fut en 1810 que Hokou-Saï publia le premier volume de sa *Mangoua :* « l'idée que le mot *Mangoua* exprime en japonais, a dit un voyageur, peut se rendre en français par « rapides esquisses » ou « croquis de premier jet ».

Hokou-Saï mourut à Tokio en 1849, âgé de quatre-vingt-neuf ans.

Il avait été dans le long parcours de sa vie le contemporain de Goya, de Rowlandson, de Daumier. Ces trois noms coulent de ma plume, amenés par de secrètes analogies avec les puissants satiriques que le Japonais ne connut certainement pas ; mais de certains courants existent dans une même époque qui relient les nations et les hommes. Le Japon n'est pas entré tout à coup au demi-siècle dans les voies de la civilisation européenne sans avoir écouté antérieurement de multiples appels de lumières et de progrès. Hokou-Saï bénéficia, sans en avoir conscience, de l'imagination fantasque qui produisait les *Caprices* en Espagne, les sujets galants de Rowlandson en Angleterre, les violentes et admirables lithographies de Daumier[1].

De même que ces maîtres, j'imagine que le vieil Hokou-Saï mourut dans son « atelier du Nord », satisfait de son labeur, ayant sans doute la conscience que son œuvre gagnerait avec le temps. J'ai

---

1. C'est d'après le même courant d'idées qu'un ami des arts a pu dire :

« Ok-Saï, qui vivait dans le courant du siècle actuel, résumait en lui le génie d'Hogarth, de Callot et de Goya. Il a « croqué » les daïmios, les samuraï, les hattamotos, les yakunins, les musmés, les gueshas, les lutteurs, les acteurs, les saltimbanques, les prestidigitateurs, les animaux, les poissons, les oiseaux, les insectes, les reptiles, les fleurs et les sites du Japon avec une verve inépuisable. L'énergie du mouvement et l'intensité de l'expression sont poussées jusqu'à leurs dernières limites. Le vieux Nippon défile comme une féerie et un cauchemar dans ses albums, fidèles révélateurs des types et des mœurs de l'Extrême-Orient. Je ne connais pas de crayon plus sûr, plus large, plus fougueux, plus humoristique et plus universel que le sien ; c'est un des plus grands dessinateurs du monde. (Le Blanc-Duvernet, le *Japon artistique et littéraire*. Paris, Lemerre, 1879. Petit in-18.)

vu mourir un de nos plus célèbres humoristes, Henry Monnier ; il travailla jusqu'à la dernière heure, indépendant, c'est-à-dire pauvre, fier d'avoir marqué en traits ineffaçables la sottise, l'agitation névralgique de tous ces écureuils en cage, le carcan que volontairement l'homme s'attache au cou pour satisfaire son ambition immodérée, l'amour des honneurs, la course aux places, la passion de l'argent, qui rendent la plupart de ces êtres si plats vis-à-vis des grands, si arrogants vis-à-vis des petits.

Hokou-Saï paraît s'être adonné plutôt à la peinture des mœurs populaires qu'à la caricature politique ; il respectait certainement le fonctionnaire chargé de la police, qui porte le titre inquisitorial de *regardeur en chef*. Chez Hokou-Saï je trouve un certain culte pour la femme, semblable à celui qui enveloppe les figurines de Tanagra, culte qui me paraît s'attacher plus à l'élégance et à la beauté des courtisanes qu'aux femmes des hautes classes de la société. Elles ne manquent pas à Yeddo les filles de joie, dans le quartier de Yosiwara où elles sont cantonnées. Les humoristes font montre de peu de sévérité en matière de mœurs ; une jolie femme leur suffit pour faire opposition à leurs figures grotesques, pour les reposer de la laideur de l'homme.

Hokou-Saï, a dit un voyageur, se livra à la peinture populaire avec une grande délicatesse de touche. Ses compositions, publiées en gravures

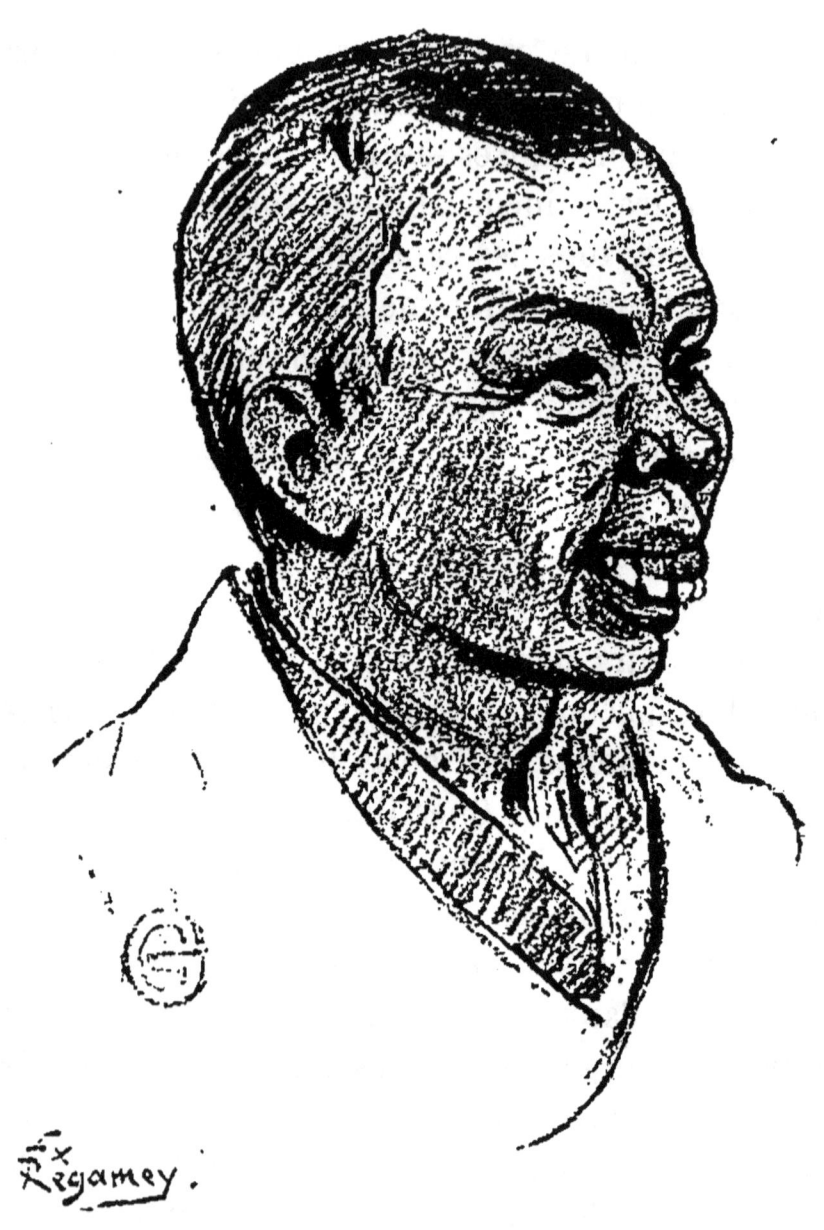

Le caricaturiste Kio-Saï,
d'après un croquis fait au Japon par M. Régamey.

coloriées, servent de modèles dans les écoles publiques. Il résuma avec habileté les procédés hardis et expéditifs des écoles de Okousoo de la Chine et Kano-é du Japon ; il y ajouta son esprit d'observation fine et ce sens particulier de l'élégance qui est le propre de la plupart des artistes japonais, même quand ils reproduisent les scènes les plus triviales.

Hokou-Saï fit école après sa mort ; des peintres, bénéficiant du regard avec lequel le vieux maître avait envisagé la nature, marchèrent sur ses traces et l'imitèrent de telle sorte qu'on arrive à confondre parfois leurs cahiers de croquis avec la *Mangoua*; M. Th. Duret en a cité quelques-uns : la *Kangua* de Bumpo, « scènes humoristiques à l'état minuscule, » Bokousen, qui vers 1840 a publié, « un volume de personnages dans les poses les plus grotesques et les plus bouffonnes. » L'*Owari Meisho* (1844, 8 vol.), avec ses illustrations humoristiques, est précieux pour nous ; il est toutefois dépassé en intérêt par le *Yédo Meisho* (1837, 20 vol.), le plus parfait des ouvrages de son genre.

Mais c'est à M. Émile Guimet que nous devons de faire connaissance avec un véritable caricaturiste japonais. Dans leurs courses à travers les rues de Yeddo (aujourd'hui Tokio, car Yeddo pour les Japonais est une appellation archaïque qui ne s'emploie plus), M. Guimet et son compagnon, le peintre Félix Régamey, rencontraient souvent chez les marchands des images humoristiques, hardies et antireligieuses, dont les Japonais hésitaient ou se refusaient à nommer l'auteur. Les voyageurs français surent enfin qu'il s'appelait Kio-Saï.

Ils allèrent le voir. L'artiste, élève de Karino, peintre du Taïkoun, était célèbre par son habileté. Arrivé à un certain âge, il trouva que le style de son maître manquait de vivacité et de hardiesse et, au grand désespoir de son professeur, il se mit à faire des dessins humoristiques; mais en même temps, ayant pris l'habitude de boire à outrance, il vécut dès lors à sa fantaisie, sans se soucier des usages si respectés au Japon. Le nom qu'il adopta dès lors pour signer ses ouvrages signifie *fou*. Et comme on le comparait au *Shoofoo*, le singe légendaire qui boit sans cesse, il signa *Shoofoo-Kio-Saï*, le singe ivrogne et fou.

Voilà bien l'artiste irrégulier qui, vivant en dehors de la société, croit trouver dans la dépendance de ses passions, l'indépendance qu'il témoigne pour les lois et les usages, un élément à sa nature de talent.

Shoofoo-Kio-Saï a été plusieurs fois emprisonné pour des caricatures politiques sans doute très audacieuses, car M. de Chassiron dit à ce propos :

« Quant aux caricatures, le gouvernement a non seulement une tolérance sans limite, mais il leur donne même un essor qui, sous ses inspirations, entre ses mains, devient un des moyens utiles de sa politique intérieure, à la condition toutefois de ne s'attaquer qu'à ses fonctionnaires, de quelque rang qu'ils soient, sans jamais oser monter jusqu'au souverain. »

Kio-Saï ne sut sans doute pas garder la mesure respectueuse ; il habite, quand il n'est pas sous les verrous, dans les environs de Tokio, une petite maison en bois, en chaume et en papier, composée de deux pièces occupant six mètres carrés.

« ... Le vestibule, écrit le voyageur, est entièrement rempli par deux femmes qui se prosternent pour nous recevoir. La seconde chambre est l'atelier, plein de lumière, encombré de rouleaux de papiers, de pinceaux et de boîtes à couleurs. Deux ou trois masques comiques, des inscriptions encadrées représentant des sentences philosophiques, et, sur une table, une chimère et un fétiche de terre cuite d'une très haute antiquité : ce sont les dieux lares ; on a placé devant eux des offrandes de gâteaux et de *sakké* (le sakké est une eau-de-vie de riz que l'on boit tiède). La chambre est égayée par le jardin qui l'entoure et l'envahit ; des branches d'arbre passent à travers les cloisons mal fermées. Un jeune chat à la queue coupée, selon l'usage, escalade les piles de papier et renverse les burettes à eau. Il se permet même, pendant la visite, de s'adjuger le gâteau offert au dieu en terre cuite.

« L'artiste paraît très heureux et très ému de la démarche que nous faisons auprès de lui. Il se frotte constamment le bras droit avec la main gauche, ce qui est chez les Japonais le signe d'une grande préoccupation ou d'un grand embarras. On cause, grâce à l'interprète qui nous accompagne, et peu à peu la gaîté se met de la partie. Mme Kio-Saï apporte du thé et des gâteaux... »

M. Régamey demanda la permission de faire le portrait de Kio-Saï : touché de cet honneur, le caricaturiste rendit la pareille à son visiteur, et c'est ainsi que, pour la première fois, une image réelle nous a été donnée d'un peintre de basse classe, de ce fou qui étonne presque autant ses concitoyens de Tokio qu'Edgard Poë étonnait les Américains ses compatriotes.

IX

KRUPTADIA

Il existe au Japon des albums ou plutôt des rouleaux de dessins originaux qui mesurent plusieurs mètres en longueur et n'offrent en hauteur qu'une surface étroite. Recouverts d'une étoffe de soie agrémentée de broderies d'or, ces rouleaux, appelés *makimonos*, contiennent une série de croquis divers que les Japonais étalent sur table et dont ils commentent les divers motifs au fur et à mesure qu'est déroulée cette sorte de panorama de scènes d'un ordre tout particulier.

L'auteur de *la Chine galante et familière*, M. Jules Arène, a eu l'obligeance de me communiquer deux de ces rouleaux qu'on trouve rarement en Europe. Les sujets scabreux qui y sont traités font penser à un concours dans lequel divers prix seraient décernés par Priape et Crépitus à des actes que les peuples civilisés voilent habituellement et qui, ici, sont retracés avec un paroxysme effréné ; aussi convient-il de ne pas s'arrêter aux effronteries d'un pareil étalage dont Pétrone disait : « Habebat enim inguinum pondus tam grande ut ipsum hominem laciniam fascini crederes. O juvenem laboriosum! Puto illum pridie incipere, postero die finire. »

Par ces temps de naturalisme sans vergogne ne convient-il pas de parler latin, à moins qu'avec ingéniosité La Fontaine ne complète la description ?

> Là, les gens pour idole ont un certain oiseau,
> Qui dans ses portraits est fort beau,
> Quoiqu'il n'ait de plumes qu'aux ailes[1].

Je ne veux pas soulever davantage le voile de ce premier album japonais ; mais du second, qui jusqu'à un certain point forme pendant, car il est peint par le même artiste, on peut tenter une discrète interprétation des faits et gestes des acteurs qui y concourent, à condition que la plume soit taillée fin.

Savants archéologues du passé qui avez scruté les origines du culte rendu au dieu Crépitus, membres de sociétés facétieuses de l'ancienne France, conteurs de propos salés, amateurs de gauloiseries qui regardez la joie comme l'agent conservateur le plus précieux de la santé, protégez un écrivain qui, sans malice, essaie de faire connaître à ses contemporains les gaîtés de l'Extrême-Orient. La prudence avec laquelle seront analysés certains croquis d'un

---

1. *La Fiancée du roi de Garbes.*

D'après une peinture de *Makimono*.

rouleau qu'il est difficile de se procurer, les questions d'esthétique qu'il soulève, ainsi que certains détails anthropologiques, montreront qu'un sentiment de raillerie à outrance n'a pas poussé l'écrivain à ces études.

Ces peintures libres sont rarement exportées en France, par la raison que les Japonais, jaloux des motifs plaisants qui s'y conservent, les gardent précieusement, sans doute pour en divertir leurs amis et peut-être leur famille.

Traitées sommairement avec la facilité particulière aux peintres japonais, c'est avec un large trait d'encre de Chine qu'un pinceau habile obtient le contour de toutes les figures.

Ceux qui ont été à même de voir des Japonais dessiner savent qu'ils commencent un croquis de personnage, fût-il compliqué, en partant de la tête pour aboutir aux pieds, d'un même trait de pinceau non interrompu. Procédé calligraphique équivalant à celui d'un professeur d'écriture qui appose, sur sa feuille de papier, une signature majestueuse agrémentée d'ornements, et n'abandonne pas plus son trait qu'une chanteuse expérimentée ne s'arrête au milieu d'une roulade.

Ne demandez pas au peintre japonais une étude approfondie de son modèle, non plus que des modifications dans une composition quelconque. Cet heureux peuple laisse aux Occidentaux les tourmentes linéaires, les retouches, les grattages, les

« repentirs ». Son dessin, il l'a plus dans la main que dans la tête; aussi tout Japonais me paraît-il appartenir au groupe de ces artistes *fa presto* qui font le désespoir des chercheurs. Pour prendre un exemple moderne et à notre portée, le peintre japonais de second ordre ne se donne guère plus de mal que nos dessinateurs de journaux à images qui, chaque semaine, représentent le plus souvent des petites dames de rencontre. Même simplicité de coloriage, même imagination, mêmes formes pour ainsi dire obtenues avec infiniment trop de facilité.

Le rouleau dont il est question ici contient une succession de scènes entre lesquelles le blanc du papier tient lieu de temps d'arrêt. Je n'analyserai que certaines situations, une même donnée offrant des répétitions qui fatigueraient et choqueraient en même temps; n'est-ce pas en pareille matière qu'il convient de ne pas trop approfondir?

Un des premiers motifs représente quatre hommes nus, accroupis autour d'un plat contenant un mélange de fruits rouges et violacés qui paraissent être des poivres et des gousses d'ail; deux des convives ratissent gravement ces fruits et y apportent une application d'animaux qui n'ont pas d'autre préoccupation que de manger.

— Les Japonais sont des singes, me disait un voyageur qui, pour faire comprendre la nature de ce peuple, forçait quelque peu son expression.

En effet, ces êtres incapables, à s'en rapporter au

dessinateur, d'autres réflexions que celles amenées par la convoitise des fruits étalés, se rapprochent plus de l'animal que de l'homme. Darwin, en voyant ces planches, eût constaté l'étroitesse du trait d'union qui relie le singe à l'homme et semble faire de celui-ci un descendant direct de celui-là. La faute d'un tel rapprochement est due au peintre qui a représenté en charge ses personnages, peut-être pour enlever de la réalité au drame et le rendre moins grossier. Les actes auxquels se livrent ces intermédiaires dans l'échelle des êtres paraissent sans doute ainsi plus grotesques aux yeux des Japonais.

La nourriture que vont prendre les convives est un excitant au combat qui se prépare ; ces aulx, ces poivres font penser aux matières fulminantes contenues dans les gargousses que des artilleurs introduisent dans les canons, avec cette différence toutefois que les gaz qui résultent de ce travail latent dans l'estomac n'auront besoin ni d'amorce ni de feu.

D'autres motifs du même *makimono* ont trait à des lutteurs se soumettant par avance à une sorte d'entraînement ; l'effet des aulx et des poivres n'ayant pas d'action sur les papilles de leur estomac trop bronzé, il faut de violents efforts, des mouvements de reins, des poses extranaturelles, des bouches hermétiquement pincées pour refouler l'air dans le conduit inférieur du tube digestif et produire les résultats qu'on devine.

Les peintres japonais sont passés maîtres dans ces contorsions; sans efforts, ils savent rattacher les attitudes excentriques aux poses normales de certaines parties du corps; ils ont l'art de faire paraître *vraies* leurs fantasques exagérations, et c'est à l'aide

D'après une peinture de *Makimono*.

de la sommaire calligraphie dont je parlais qu'ils arrivent à rendre leur dessin outré mais logique.

Un autre groupe du rouleau est une preuve de la grotesque et fertile imagination qui caractérise les Japonais. Parmi les lutteurs au cœur vaillant, disposés à combattre énergiquement, il en est qui constatent à regret que, malgré leurs efforts, ils manquent d'engins d'attaque. Semblables à des artificiers qui apporteraient un matériel mouillé, ils possèdent les fusées et pas de munitions. Désireux toutefois de prendre part à l'action qui va s'engager, ils font remplir par des mercenaires un sac de ces gaz dont chaque combattant doit être muni; au moins leur cartouchière ne restera pas vide.

C'est alors que ces valeureux adversaires se dirigent vers le lieu du combat où déjà des détonations se font entendre. Tenant à la main l'outre précieuse dont quelques gaz déliés cherchent la fissure, certains combattants se sont protégé le nez par un mouchoir énergiquement serré qui atténue la délicatesse de l'odorat.

Combien serait satisfait le dieu Crépitus des vives détonations qui annoncent le premier engagement avec ses curieux épisodes! Ici, un nègre, accroupi à quatre pattes pour se battre plus vaillamment, envoie une telle succession de projectiles à ses adversaires qu'il renverse une porte dont un assiégé se servait comme d'un bouclier; là, des feux croisés s'entremêlent, qui enlèvent dans les airs les coiffures des meilleurs soldats. Certaines armes font long feu et l'action est terrible de cette poudre empestée. Un des combattants apporte une si vive concentration dans ses efforts qu'une torche de résine meurtrière s'échappe de ses flancs, décrivant d'effroyables paraboles.

Éole, crevant sa vieille outre et secouant ses tempêtes sur la tête des pauvres humains, n'arriverait pas à un pareil résultat. La trombe renverse tout sur son passage et fait voler dans l'espace meubles, corbeilles, boîtes, éventails.

On pense, en voyant cette guerre acharnée, aux combats homériques, aux luttes de Gargantua; aussi faudrait-il un Rabelais pour analyser cette composition tempétueuse. Lui seul, dans la vieille Europe, aurait qualité pour marquer les coups produits par de si vigoureuses explosions.

Je conviens toutefois que les dessins qui se succèdent sur le rouleau laissent finalement plus de stupéfaction que de véritable contentement pour les yeux. Si on éprouve quelque fatigue à lire les énumérations licencieuses de Rabelais, au moins sont-elles un jeu de linguistique très déliée pour ce grave et bouffon esprit. Ici, le Japonais, qui a voulu faire preuve d'imagination scatographique, emploie des êtres de race tout à fait inférieure.

Il se produit même à ce sujet un rapprochement qu'admettront volontiers, je crois, les érudits quelque peu familiers avec l'art antique. Lorsqu'un personnage bouffon se glisse au milieu des élégantes figurines de Tanagra, c'est un être disgracié de la nature, la figure décharnée, souvent la poitrine rentrant ou le dos affligé d'une gibbosité. Tous ces grotesques égayaient les repas des Grecs et des Romains, comme plus tard les fous et les nains à la cour des rois. Il semble qu'il en soit ainsi au Japon; les acteurs qui se succèdent dans le rouleau,

D'après une peinture de *Makimono*.

loin d'offrir l'harmonie corporelle des figures des albums populaires, ne présentent que têtes hors de proportions, ventres gonflés et lymphatiques, jambes grêles ; on regarde un moment par curiosité ces êtres dégradés, mais ils laissent une impression triste et quasi morbide.

En regard de cet art qui fait penser aux bouffons du festin de Trimalcion, on cherche si, malgré un fonds de naïveté intellectuelle, les Japonais des hautes classes ne seraient pas blasés sur bien des plaisirs.

La rénovation sociale que tente ce peuple n'est-elle pas due à la constatation d'une décadence qui pèse fatalement sur les nations les mieux douées ?

Au moment de livrer ce travail à l'impression, je retrouve un album tout à fait populaire, dont les dessins n'ont rien de comparable à ceux d'Hokou-Saï. Il semble que l'imagier ait voulu plaire à des yeux d'enfant. Le grotesque s'y donne carrière et emploie pour ses exagérations trois tons principaux : le rouge, le bleu, le vert qui plaisent tant aux natures peu compliquées.

Au milieu des bouffonneries de cet album se détache une sorte de femme nue, armée d'un sabre, qui se laisse aller à de telles crépitations qu'un personnage grave qui assiste à la scène réfléchit profondément sur le sens et l'odeur de ces projections.

— Tiens, voilà pour toi, semble dire la créature éhontée.

— Aoh! pense la victime.

Ce petit drame burlesque trop clair prouve qu'au Japon les idées sur la pudeur féminine sont autres qu'en Europe.

X

MASQUES, RÊVES ET CAUCHEMARS

Quelle liqueur boivent les Japonais?

Plus d'une fois, cette question dut se présenter à l'esprit des curieux en regardant quelques-unes des images enfantées par l'imagination des peintres du Nippon: un élément si bizarre entre dans la composition de certains de ces caprices qu'il faut les classer plutôt dans la famille des cauchemars que dans celle des rêves.

Les liqueurs alcoolisées sont-elles capables de donner naissance à de telles tératographies?

Il faudrait la stupéfiante fumée d'opium et sa prise de possession du système nerveux, pour permettre plus tard à la main de reproduire ces troubles qui ont pénétré jusqu'à la moelle du sujet intoxiqué; mais l'usage de l'opium est inconnu au Japon.

Sans vouloir m'appesantir sur l'essence d'images encore plus troublantes que fantastiques, il convient toutefois, pour rendre leur nature, d'enregistrer sommairement les allongements sans bornes de personnages hagards dont la tête penchée fait penser au feuillage des saules pleureurs agités par la

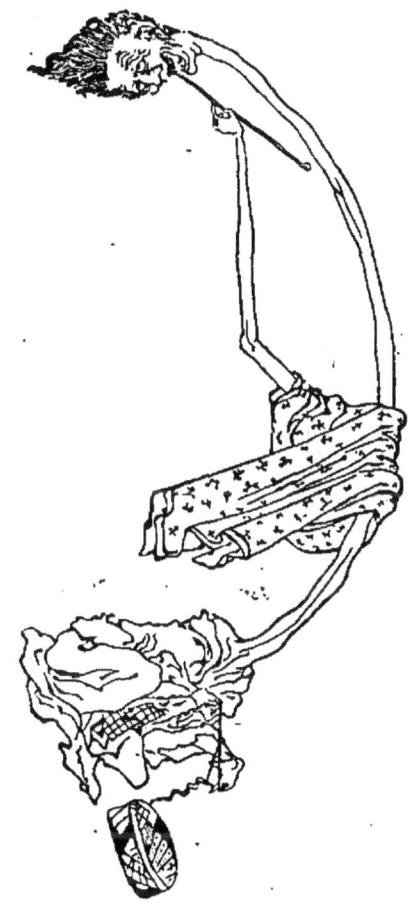

D'après un album japonais.

tempête. Tout se mêle, tout se confond, tout perd sa forme dans ces bras qui deviennent des jambes, dans ces jambes qui prennent des proportions d'échasses et poussent le buste dans les altitudes inconnues; les têtes flottantes semblent attachées au bout de longues ficelles ; les cous se perdent en replis tortueux ; les enchevêtrements de jambes laissent indécis sur l'endroit où elles se rattachent au tronc ; chez certains personnages, la boîte osseuse du crâne se développe en cylindre sans fin, tandis que le crâne s'aplatit en forme de toit chez certains autres. Un malin esprit semble avoir, en attachant par un fil les oreilles d'un troisième personnage, communiqué un écart bizarre qui les détache de la tête et les pousse à écouter les bruits mystérieux du sol.

Quant à la prolongation du nez, elle est un des motifs favoris du grotesque chez les Japonais ; que deux voyageurs se suivent, l'un porteur d'un fardeau embarrassant, l'autre d'un nez d'une projection hors du commun, le fardeau sera pendu à ce nez qui, faisant fonction de perche, s'appuiera sur l'épaule du premier compagnon. C'est là du comique facile et quelque peu enfantin ; mais tous les peuples s'en sont servi et l'antiquité ne l'a pas dédaigné.

A l'aide de petits morceaux de bois qui relèvent les parties charnues du nez et allongent la lèvre supérieure ou agrandissent démesurément la bouche, déformations dont Hokou-Saï lui-même a donné la recette dans ses albums, ces personnages plus bizarres que grotesques, travaillés plus que naturels, sont incapables d'arracher un sourire à un esprit délicat.

C'est qu'il ne fait pas bon de vivre longtemps sous l'empire du Laid ; de même un être quelque peu sensitif ne saurait regarder toute une soirée des clowns américains malgré leurs prodigieuses dislocations, de même ces images, fussent-elles traitées avec habileté, finissent par écœurer, tant l'homme a soif d'idéal, c'est-à-dire de parfaite pondération de beauté, d'harmonie des formes en rapport avec la gamme des colorations.

A ce même ordre de choses appartenant au domaine du bizarre voulu et cherché se rattache la série des masques japonais, dont un voyageur disait :

« Il y a les masques nobles, représentant les placides figures des gentilshommes et des dames du daïri, les farouches physionomies des héros des guerres civiles, les masques fantastiques, articulés, aux mâchoires mobiles. D'autres représentent le grotesque et divin Tengon, la bonne Okamé, la plus joufflue des Japonaises dont l'histoire fasse mention, ou la malheureuse Hipokoko, idéal de la laideur. Toutes les variétés de démons à un œil et à trois yeux, sans corne ou avec corne, sont reproduites par le faiseur de masques. Enfin, une dernière catégorie comprend les masques faits à la ressemblance de maître Kitsué, le renard, ou de Sarou, le singe, ou de Kappa, l'homme-grenouille qui hante les falaises du Nippon[1]. »

---

1. Humbert, *le Japon illustré*. Grand in-8°. Hachette.

Mais pour quelques masques ingénieux, naturels et capricieux, combien compte-t-on de contorsions de la face, de nez aplatis, d'yeux affligeants, de bouches de travers par lesquelles passent des langues de grimaciers vulgaires!

Saltimbanque japonais.

Il y a trente ans, ces masques, peu nombreux en France, attirèrent l'attention des curieux; ils fatiguèrent vite quand des exportateurs, les envoyant du Japon par navires bondés, les répandirent dans le commerce parisien. Si une mélodie agréable prend le caractère de l'obsession quand, passant dans le répertoire des orgues de Barbarie, elle fatigue les oreilles, à quel dégoût doit conduire un tel étalage de grimaces et de déformations de la figure humaine ! Exprimées par un artiste ingénieux, ces outrances physionomiques purent amuser un instant ; reproduits à l'excès par des ouvriers qui font du baroque un poncis, ces masques devaient produire la satiété actuelle.

Les Chinois, qui usent et qui abusent de l'opium, n'ont pas trouvé dans ses fumées un élément plastique semblable à celui des artistes japonais. La Chine serait-elle moins intoxiquée que le peuple son voisin, quoique celui-ci ait conservé la faculté de rire et de s'amuser de ses propres ridicules [1] ?

---

1. La chanson populaire *Tchiè iang ien*, contre l'abus de l'opium, semblerait montrer qu'il y a effort actuellement en Chine pour se délivrer de cette fatale et abrutissante passion.

Une sœur prie son frère aîné d'abandonner l'usage de l'opium :
« Si tu renonces à l'opium, ton corps sera vigoureux, mon garçon, *Ya !* mon garçon ! Il faut écouter les paroles de ta sœur, *ai ya !* Il faut que tu écoutes mes paroles. . . . .
. . . .
« Tu ne penses qu'à fumer l'opium et tu oublies l'heureux moment. Tu m'oublies, et je n'en suis pas contente. Défais-toi petit à petit de ta triste habitude, *ai ya ! ai ya !* Il ne faut pas toujours penser à l'opium . . . .
. . . .
« Songes-y bien : ne fume plus l'opium. Regarde tous ces fumeurs d'opium : ils ne ressemblent plus à des hommes. Ne fume pas, ne fume pas. Quand on fume, on devient jaune, noir, maigre ; force et vigueur vous abandonnent. Mon amant, *ya !* écoute mes conseils : les fumeurs d'opium sont misérables, leurs habits sont

Les rayons de Bouddha
sont proportionnés à l'or qu'on lui offre.
(Proverbe japonais.)

Il doit exister au Japon une ville dont l'industrie correspond à celle de notre Épinal : on y fabrique toute une série d'images enluminées à la diable, avec quatre tons; ces feuilles à bon marché servent également à décorer l'extérieur des boîtes à jouets; les choses représentées dans de petits carrés qui rappellent nos anciens jeux d'oie sont des animaux légendaires, le renard en tête, des masques féroces ou grimaçants, des objets usuels, théières, fourneaux, légumes que l'enfant connaît. Grâce à la fantaisie des dessinateurs, ces objets inanimés prennent de l'animation : la théière, fumant sa pipe, part en voyage d'une façon toute gaillarde, la cuiller à pot sur son épaule; la batterie de cuisine se charge de fournir le charivari; les éventails se déploient convulsivement. On pourrait croire que ces ustensiles de ménage se sont coalisés contre l'homme, leur ennemi, qu'ils bafouent.

Amusante débauche de rose, de jaune, de vert et de bleu qui fait bien comprendre les procédés expéditifs des imagiers du Japon dont je parlais plus haut.

---

déchirés. *Ai ya! ai ya!* Écoute mes conseils et ne m'en veuille pas. Bien que tu ne doives pas toujours rester avec moi, écoute mes conseils.

« Tu es jeune, tu ressembles au saule qui se couvre de feuilles vertes à la troisième lune. Ne fume plus, et partout tu réussiras. » (Jules Arène, la *Chine familière et galante*, Paris, Charpentier, 1876. In-18.)

Ils n'ont pas, cependant, trouvé tout d'abord ce dessin, cette sorte de calligraphie qui semble plus généralisée chez ce peuple qu'en Europe; mais comme les Japonais ont un culte pour la mimique, ils cherchent à la développer en saisissant la moindre occasion de se loger dans les yeux les gestes les plus usuels, afin de les apprendre par cœur pour ainsi dire et de les retracer de mémoire sur leurs images.

Le fait suivant, dont le récit certainement eût plu à Lavater, montre une extrême attention des mouvements de l'homme.

Engelbert Kaempefr, médecin de la factorerie hollandaise, ayant été admis devant l'empereur, ce prince fit prier les membres de l'ambassade de se tenir debout, de marcher, de tournoyer, de s'arrêter, de se complimenter les uns les autres, de faire les ivrognes, d'écorcher quelques phrases japonaises, de lire en hollandais, de dessiner, de chanter, de danser, de mettre et d'ôter leurs manteaux.

« Ce n'était pas que le siogoun et ses courtisans pensassent avilir les Hollandais en exigeant d'eux de pareilles complaisances, dit M. Fraissinet[1], car

---

1. *Le Japon, histoire et description.* Paris, 1864. 2 vol. in-12.

dans ce pays les plus nobles et les plus grands personnages en font tout autant pour amuser leurs princes, sans pour cela se croire déshonorés. »

L'empereur fut si content d'une telle représentation que l'année suivante, en revoyant l'ambassade hollandaise il fit prier les Hollandais, *sans perdre de temps,* de faire les gestes d'hommes qui s'adressent des félicitations ou des injures, de s'inviter à dîner, d'entrer en conversation, de discourir familièrement comme font un père et un fils, de montrer comme s'abordent deux amis ou deux époux et comment ils se quittent.

Le siogoun voulut savoir de quelle manière en Hollande on s'y prend pour inviter quelqu'un à dîner.

Il fit jouer les Hollandais avec des enfants qu'ils portaient sur leurs bras : les ambassadeurs durent ôter et remettre plusieurs fois leurs manteaux et leurs perruques de cérémonie, sans oublier les scènes de la première audience qu'on ne manqua pas de leur faire réitérer.

Le prince voulut même absolument qu'ils s'embrassassent comme de véritables amoureux, ce qui amusa beaucoup la partie féminine de l'assistance.

Ce singulier spectacle, donné par les graves ambassadeurs de la Hollande, me paraît avoir pris naissance dans le cerveau d'un peuple préoccupé de mimique et des arts du dessin; ne voit-on pas sur leurs albums la diversité de gestes appartenant à l'ordre dramatique ou au domaine des choses fantastiques auxquels on peut appliquer ces vers chinois :

Le pinceau rempli d'encre est un nuage noir chargé de pluie ;
La main agile semble poursuivre les traits qu'elle vient de former [1].

Oui, tout cela nous a amusé pendant quelques années, tout cela était clair, prestement colorié; on ne sentait pas l'effort dans la libre composition de ces drames, dans le rendu des personnages; c'est qu'en effet, grâce à d'heureux dons naturels, grâce surtout à la gymnastique constante du crayon, les peintres japonais n'avaient à faire que peu d'efforts.

Malheureusement, l'habileté prolongée finit par fatiguer comme un ciel bleu inaltérable.

On pressentit que le délié de tels contours s'arrêtait tout à coup comme devant une muraille infranchissable, celle des sentiments humains exprimés profondément.

Beaucoup d'acquis mais beaucoup de superficiel chez les Japonais; satisfaits de représenter facilement les choses et les hommes, les peintres du Japon, aussi bien d'ailleurs que certains artistes européens, n'entrevoyaient pas les difficultés de l'art qui ne vit que par l'expression de vives et fortes sensations.

---

1. *Yu-Kiao-li*, traduit par Abel Rémusat.

Une estampe représente un imagier d'Yeddo peignant avec deux pinceaux à la fois, tenus l'un par la main droite, l'autre par la main gauche. On peut prendre cette image comme une symbolisation de

Peintres japonais.

Dessin de M. J. Adeline, d'après une image populaire en couleur.

l'art au Japon, de cet art semblable à celui de certains acrobates qui jouent un morceau compliqué de violon derrière le dos. Rutherford Alcock n'a qu'une mince admiration pour cette dextérité et c'est avec une pointe de raillerie qu'il s'écrie : *Saluons le génie enthousiaste de la peinture!* en parlant d'un imagier japonais qui, non content de peindre avec un pinceau de chaque main, en tient un troisième à la bouche et se sert en même temps d'un quatrième et d'un cinquième pinceau entre les grands et les petits orteils de chaque pied [1].

[1]. *The capital of the Tycoon a narrative of a Three Year's Residence in Japan,* par sir Rutherford Alcock.

XI

LE PASSÉ ET L'AVENIR DU JAPON

La caricature au Japon, on le voit par les divers dessins publiés dans ce volume, se rattache bien plus au caprice et au grotesque qu'à la satire. Des scènes de mœurs, la nature lymphatique des naturels du pays représentées d'une façon plaisante, quelques croquis de Hollandais et d'Anglais retracés avec plus de bonhomie que d'ironie, ne répondent pas entièrement à l'art mordant que les Européens appellent caricature.

Il faut que les traits agressifs, que certains voyageurs affirment lancés contre les grands au Japon, soient bien voilés et d'une allusion très détournée, car il m'a été impossible de les constater parmi les nombreuses images que j'ai feuilletées. Il est bon de le dire : sauf de rares essais de traductions, la littérature japonaise est actuellement peu connue en France ainsi qu'à l'étranger, et c'est avec les yeux de l'intuition qu'il faut essayer de pénétrer dans les légendes populaires du pays du Nippon, pour l'élucidation d'un si grand amas de feuilles volantes.

Cependant je dois au hasard une véritable caricature qui montre, sous une forme railleuse symbolique, le passé et l'avenir du Japon.

La France a envoyé dans cet empire des légistes et des professeurs de droit pour y introduire notre code civil; des officiers ont été détachés de leurs corps pour porter au Japon la tactique militaire européenne et dresser des troupes; nos médecins, chargés de missions, ont enseigné que la petite vérole et une autre de ses grosses parentes ne devaient pas être traitées seulement par l'indifférence. Nous voyons à Paris, dans le quartier latin, de jeunes Japonais qui s'initient facilement à notre science et suivent à la fois les cours de la Sorbonne, du Collège de France, sans compter ceux du jardin Bullier. Peut-être ces jeunes gens, qui sacrifient un peu trop à nos modes et aux beautés de rencontre du boulevard des Italiens, ont-ils excité la verve de Kio-Saï, alors que dans les rues de Tokio et de Yokohama, ces enfants dégénérés du pays des Taïcouns se présentaient habillés d'un « complet » à la mode, coiffés d'un chapeau « melon » et chaussés de bottines vernies à pointe d'aiguille.

Si je regarde de près le dessin de Kio-Saï (p. 241), j'en reconnais la parfaite clarté; mais le satirique est quelque peu réactionnaire.

C'est un travers particulier à certains humoristes d'avoir de courtes vues, de sacrifier l'avenir au présent et même de regarder le passé avec de trop complaisantes lunettes.

Peut-être, dans le cas actuel, Kio-Saï prit-il le contre-pied des réformes décrétées par le gouvernement. Il avait souffert des grands, un peu par sa faute.

Un homme bien informé, que j'ai promis de ne pas nommer, me conte que l'empereur du Japon, qui s'amusait des dessins humoristiques de Kio-Saï, le fit venir à la cour et lui demanda un croquis de sa personne. Le dessinateur se met à l'œuvre et représente l'empereur à quatre pattes, recevant une fessée de l'ambassadeur d'une des puissances européennes.

Naturellement l'entrevue se termina par un ordre d'emprisonnement immédiat. Le singe, par ses grimaces, ne l'avait pas volé.

Dans le sujet ci-contre, Kio-Saï pouvait se laisser aller à sa hardiesse naturelle sans blesser le souverain. Comme nos caricaturistes, il prit l'actualité corps à corps et exprima les tendances des uns, la résistance des autres.

Oui, il y avait dans ces transformations sociales, dans l'abus des modes occidentales, de quoi exciter les récriminations de vieilles gens qui, n'ayant jamais quitté le Japon, le trouvaient suffisamment civilisé ; mais ce qui ridait considérablement le front des anciens patriotes et contribuait à donner à leurs sourcils la forme d'accents circonflexes très prononcés, provenait surtout de l'habit militaire français dont on avait revêtu quelques compagnies d'élite. Cette capote à boutons de métal, avec son col droit inflexible, ces épaulettes de couleur, ces cheveux et ces moustaches taillés suivant l'ordonnance, faisaient horreur aux anciens Japonais fidèles à leurs amples robes, à leurs habitudes, à leurs traditions.

Ce sont de telles rancunes que traduisit Kio-Saï avec esprit. Il appela à son aide tous les oiseaux moqueurs du pays ; et les onomatopées bruyantes qu'a employées Aristophane dans la comédie des *Oiseaux*[1] rendent merveilleusement les cris railleurs des volatiles à l'aspect d'une telle mascarade militaire :

« Evelpide. — Ah ! ah ! que d'oiseaux !

Pisthitirus. — Ah ! ah ! que de merles ! Comme ils gazouillent, comme ils accourent à grands cris !

Evelpide. — Est-ce qu'ils nous menacent ? Vois-tu ? Ils ouvrent le bec et me regardent, ainsi que toi.

Le Chœur. — Popopopopopopopopoi... Titititiit... »

---

1. *Comédies d'Aristophane,* traduites par M. Artaud. Paris, Lefèvre, 1841. In-18.

L'avenir du Japon,
d'après le caricaturiste Kio-Saï.

D'un gosier aigu les oiseaux du Nippon annoncent au Japonais européanisé quel sort fatal l'attend, comment il est condamné à périr dans les flots en courroux que lui montre un oiseau grattant sa huppe en signe d'éplorement.

— Ainsi, s'écrie le vieil homme à deux épées, affaissé sur son siège, finissent les anciennes nations vaincues par la civilisation, leur pire ennemie.

C'est qu'une révolution, comme celle qui se produisit en 1868 au Japon, ruinait un archaïque système féodal, confisquait les biens du clergé bouddhique, s'aliénait les daïmios qui avaient porté le Mikado au trône, et que le modèlement sur les gouvernements européens, l'augmentation énorme des dépenses, la diminution des revenus publics pour l'établissement de voies ferrées, de télégraphes, choquaient les hommes de la vieille roche et leur faisait trouver dangereuse pour l'empire du Soleil-Levant toute institution empruntée « aux barbares. »

Le jeune Japonais, harnaché dans sa tunique militaire, hausse les épaules en écoutant ces récriminations; aussi bien une séduisante créature, habillée à la mode parisienne, lui souffle à l'oreille de tendres et réconfortantes paroles.

Ai-je bien fait comprendre l'ingéniosité de cette composition qui gagne encore à être relevée dans l'original par une preste coloration?

Il m'a paru que le dessinateur avait rendu, mieux que je ne saurais le faire, l'influence européenne qui se moque des plaintes réactionnaires des « vieilles barbes. »

TABLE DES CHAPITRES

Préface.

		Pages.
I.	Caragueuz en Turquie.	1
II.	Caragueuz. Croquis d'ensemble.	9
III.	Origines de Caragueuz. — Son nom, sa biographie.	13
IV.	Le répertoire de Caragueuz à Constantinople.	21
V.	Suite du répertoire de Caragueuz.	37
VI.	Marionnettes de Caragueuz.	55
VII.	Du sens mystique de Caragueuz.	61
VIII.	Caragueuz en Algérie	67
IX.	Caragueuz en Tunisie	87

Appendices — I. Fêtes et divertissements des tribus arabes et des soldats indigènes dans les camps. 103
— II. Saint Guignolé, d'après les archéologues 109

I. La Caricature au Japon 119
II. La danse de la pluie. 131
III. Du caractère général des dessins comiques japonais et des motifs qui y entrent habituellement. 137

TABLE DES CHAPITRES

Pages.

IV. Les animaux considérés comme symboles de l'homme dans les contes et les images populaires au Japon. .
V. Les gras et les maigres 151
VI. La danse des morts au Japon. 161
VII. Proverbes japonais. 175
VIII. Hokou-Saï, ses prédécesseurs, ses successeurs. . . . 187
IX. Kruptadia. 209
X. Masques, rêves et cauchemars 223
XI. Le passé et l'avenir du Japon. 237

TABLE DES GRAVURES

Frontispice.

	Pages.
Entourage turc	1
Caragueuz, d'après une marionnette de Constantinople.	10
Cul-de-lampe turc	12
« Monsieur Malbrough est mort », d'après une assiette de Nevers de 1783.	19
Cul-de-lampe turc	20
Musiciens de la troupe de Caragueuz.	25
Troupe de Caragueuz. Acteur habillé en danseuse	27
Femme de Stamboul cachant son visage. Marionnette de la troupe de Caragueuz	34
Cul-de-lampe turc.	36
Riche Turc de la troupe de Caragueuz.	44
Troupe de Caragueuz. Cavas (gendarme)	48
Cul-de-lampe	54
Jeune amoureux. Marionnette de la troupe de Caragueuz.	57
Troupe de Caragueuz. Vieille confidente dressée à porter les messages amoureux	59
Cul-de-lampe turc.	60
Entourage arabe.	67
Le théâtre de Karacouche à Alger, vers 1840. D'après une vignette de M. Th. Frère.	73

TABLE DES GRAVURES

	Pages.
Le Serpent, ombre chinoise algérienne	77
L'arbre à végétations fantastiques, accessoire du théâtre des ombres chinoises à Alger.	78
Djourvaz, confident de Karakouche. Fac-similé réduit d'un personnage des ombres chinoises algériennes	80
Kara-Kouche. Fac-similé de l'acteur principal des ombres chinoises à Alger	83
Entourage mauresque	87
Femme de la troupe des ombres chinoises à Alger	90
Danseuse de la troupe de Kara-Kouche.	98
Ombre chinoise de la troupe algérienne	100
Cul-de-lampe	102
Caprice japonais, entourage	119
Okamé, d'après un ivoire japonais	125
Le commerce au Japon, d'après Ho-kou-Saï.	127
Masque japonais.	130
Saltimbanques japonais	135
Cul-de-lampe japonais	136
Acteur japonais masqué.	139
Femme grasse, d'après Ho-kou-Saï.	140
L'armée des renards, d'après Ho-kou-Saï.	143
Renards d'après Ho-kou-Saï.	147
Renards en bateau, d'après Ho-kou-Saï.	149
Chatte japonaise, caricature.	150
Femme grasse, d'après Ho-kou-Saï.	152
Grasse à sa toilette, d'après Ho-kou-Saï.	154
Femme maigre à sa toilette	155
Jeux de maigres, d'après Ho-kou-Saï.	157
Gras faisant ses ablutions	160
Jeux de squelettes, d'après un album japonais du commencement du siècle.	163
Fac-similé d'une planche du *Suïbodaï*, roman de 1809, de la collection Hayashi.	166-167
Djoro (courtisane japonaise)	171
Le baiser.	173
Cul-de-lampe japonais	174
Les avares d'après une vignette des *Cent proverbes japonais* de MM. Steenakers et Tokunasuké	177

	Pages.
Il y a des oreilles dans le mur, proverbe japonais.	181
Uwasa o sureba Kagé ga sasu, proverbe japonais.	183
Cul-de-lampe japonais	187
Japonaise, d'après un album en couleur.	197
Proverbe japonais sur l'amour filial.	191
Le caricaturiste Kio-Saï, d'après un croquis fait au Japon par M. Régamey.	203
Cul-de-lampe japonais	208
Le combat, d'après une peinture de Makimono	211
La tempête Id.	216
Préparation au combat Id.	219
Cul-de-lampe japonais Id.	222
Caprice d'après un album japonais	224
Saltimbanque japonais.	227
Les rayons de Boudha sont proportionnés à l'or qu'on lui offre. Proverbe japonais.	229
Caprice japonais.	232
Peintres japonais. Dessin de M. J. Adeline d'après une image en couleur.	235
Cul-de-lampe japonais	236
L'avenir du Japon.	241
Cul-de-lampe japonais	244

Paris. — Typ. Ch. Unsinger, 83, rue du Bac.

LIBRAIRIE DE DENTU ET Cie, ÉDITEURS
PALAIS-ROYAL, 15, 17, 19, GALERIE D'ORLÉANS, ET 3, PLACE DE VALOIS

CHAMPFLEURY

OUVRAGES

D'HISTOIRE ARTISTIQUE

ET LITTÉRAIRE

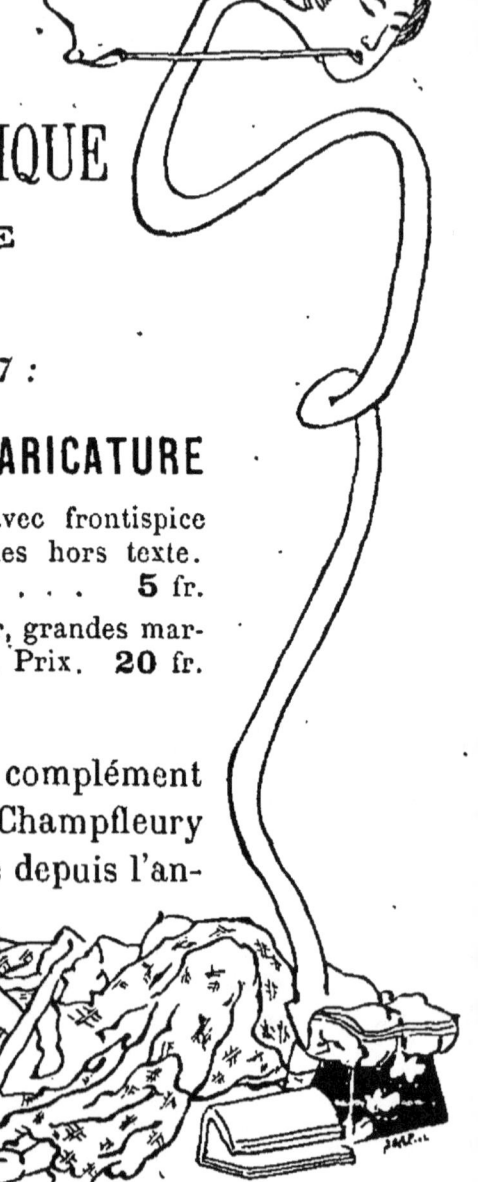

Pour paraître en 1887 :

MUSÉE SECRET DE LA CARICATURE

Un volume grand in-18 jésus, avec frontispice en couleur, illustrations, planches hors texte. Prix . . . . **5 fr.**

Exemplaires d'amateur, beau papier, grandes marges, tirage à part à petit nombre. Prix. **20 fr.**

Ce nouveau travail est le complément des savantes études de M. Champfleury sur l'Histoire de la Caricature depuis l'antiquité jusqu'à nos jours. On y trouve réunis les spécimens des plus curieuses fantaisies de l'imagination orientale, dont la verve satirique n'offre pas de moins intéressants sujets d'étude à l'historien que les compositions du même genre de l'art européen.

HISTOIRE DE LA CARICATURE ANTIQUE

Troisième édition.

1 vol. grand in-18, illustré de 100 gravures et d'un frontispice en couleur.

Prix : 5 francs.

Cet ouvrage, qui ouvre la série des études de M. Champfleury sur l'Histoire de la Caricature, est une sorte de traité classique auquel les hommages des savants ont donné une véritable consécration. M. François Lenormant, le premier de tous, a signalé « le zèle et les soins scrupuleux avec lesquels M. Champfleury a colligé tous les monuments connus jusqu'à ce jour de l'art caricatural des anciens, les observations fines et ingénieuses dont le texte est rempli. » La première édition contenait 248 pages et 62 gravures. La troisième édition contient 332 pages et 100 gravures.

HISTOIRE DE LA CARICATURE AU MOYEN AGE
ET SOUS LA RENAISSANCE

Deuxième édition.

1 vol. grand in-18, illustré de 144 vignettes et d'un frontispice en couleur.

Prix : 5 francs.

Combien était difficile l'élucidation des motifs troublants de la décoration des édifices religieux et civils au moyen âge et sous la Renaissance; aussi l'architecte le plus compétent en ces questions, Viollet-le-Duc, donnait-il dans une Revue spéciale une étude très développée des travaux de M. Champfleury.

L'auteur de la *Caricature au moyen âge* a détruit un certain nombre de préjugés; mais, en combattant les opinions traditionnelles, il ne se présente qu'avec des preuves gravées, et c'est à lui qu'on doit la découverte du véritable auteur des figures satiriques attribuées jusqu'ici à Rabelais par les commentateurs.

HISTOIRE DE LA CARICATURE SOUS LA RÉFORME
ET LA LIGUE
Louis XIII et Louis XIV

1 vol. grand in-18, avec 78 gravures et un frontispice en couleur.
Prix : 5 francs.

Ce volume de M. Champfleury embrasse une période de temps considérable et, par conséquent, offre une variété et un intérêt des plus rares. L'esprit satirique de plus de deux siècles y apparaît avec ses modifications naturelles, et la diversité d'allures que produit la

transformation sociale au cours des époques décrites par l'auteur offre un enseignement tout nouveau qui mérite aussi bien l'attention des historiens que celle des archéologues.

HISTOIRE DE LA CARICATURE
SOUS LA RÉPUBLIQUE, L'EMPIRE ET LA RESTAURATION

Deuxième édition.

1 vol. grand in-18, orné de nombreuses gravures et d'un frontispice en couleur.

Prix : 5 francs.

La critique française et étrangère a rendu justice à ce travail de M. Champfleury, qui était peut-être le plus ardu de la collection. Il fallait montrer le foyer d'où partaient les innombrables images révolution-

naires répandues à Paris, en province et hors de France. Quiconque veut étudier la violente hostilité anglaise contre la République et l'Empire doit recourir à ce volume, qui se termine par les satires des libéraux contre les Jésuites de la Restauration, avec un aperçu humoristique des modes et des plaisirs de cette époque.

HISTOIRE DE LA CARICATURE MODERNE

Troisième édition.

1 vol. grand in-18, illustré de 118 vignettes et d'un frontispice en couleur.

Prix : 5 francs.

« Ce livre, disait M. Philippe Burty, est la suite et le complément du livre sur *La Caricature antique*. La lacune qu'il avait à combler dans l'esthétique est énorme, et c'est un véritable acte de courage que d'avoir tenté et mené à bien une série d'études sur des matières aussi délicates. Académies et clubs, gens sérieux et esprits futiles, fonctionnaires et bohèmes, politique et religion, tout est du domaine du caricaturiste..... M. Champfleury a particulièrement étudié les types du *Robert Macaire*, d'Honoré Daumier; du *Mayeux*, de Traviès; du *Joseph Prudhomme*, d'Henry Monnier. Il y a, distribués dans le texte, une quantité considérable de clichés des meilleurs croquis de ces artistes, gravés dans leur meilleur temps par leurs meilleurs graveurs. »

Tout ce qui a été écrit sur Daumier part de cet ouvrage, et il y a longtemps déjà que les écrivains de seconde main se seraient emparés du terrain de la caricature moderne si, à chaque nouvelle réimpression de son livre, M. Champfleury ne l'avait agrandi et fé-

condé par ses propres souvenirs et des points de vue bien d'accord avec l'œuvre des dessinateurs satiriques, ses amis.

La première édition contenait 86 vignettes; la nouvelle édition est ornée de 118 vignettes.

HISTOIRE DE L'IMAGERIE POPULAIRE

Seconde édition.

1 volume grand in-18, illustré de nombreuses gravures et d'un frontispice en couleur.

Prix : 5 francs.

SOMMAIRE DES PRINCIPAUX CHAPITRES

Le Juif-Errant. — Histoire du bonhomme Misère. — Crédit est mort. — La Farce des bossus. — Lustucru. — Le Moine ressuscité. — La Danse des morts en 1849. — L'Imagerie de l'avenir.

« Toutes les éditions populaires de la légende, disait M. Ch. Nisard, donnent un portrait du Juif-Errant d'après un même modèle. Il serait digne d'un artiste et d'un antiquaire de remonter à la source et d'en découvrir l'auteur. »

C'est ce qu'a fait M. Champfleury, développant l'idée et cherchant en Flandre, en Allemagne, en Angleterre et en Norvège, les ramifications des anciennes images populaires.

La critique a relevé, notamment dans la seconde

édition, les chapitres nouveaux concernant l'Imagerie de l'avenir; tout un programme patriotique a été

dressé par M. Champfleury; aussi fut il appelé par le Ministre de l'Instruction publique à faire partie de la commission où se débattent ces graves questions d'enseignement par les yeux.

HISTOIRE DES FAÏENCES PATRIOTIQUES

SOUS LA RÉVOLUTION

Troisième édition

avec 100 gravures et marques nouvelles. 1 vol. in-18.

Prix : 5 francs.

Ce livre, plein d'indépendance et à travers lequel souffle un vent de liberté républicaine, se rattache à

la série d'art populaire sous toutes ses formes que M. Champfleury a étudié avec autant de patience que d'érudition. Les croyances auxquelles le peuple obéissait, les révoltes qu'il traduisait à l'aide du burin, ses aspirations à l'égalité et à la fraternité, n'ont nulle part été mieux mises en lumière, ni traduites aussi clairement que dans l'*Histoire des faïences patriotiques.*

En présence du grand succès de cet ouvrage, M. Champfleury a apporté à la dernière édition les soins qui lui sont habituels pour répondre dignement aux encouragements du public.

MÊME SÉRIE (en préparation)

CHANTS, LÉGENDES & TRADITIONS POPULAIRES DE LA FRANCE

Un vol. in-18 illustré.

LE VIOLON DE FAÏENCE

Un vol. in-8°, avec illustrations en couleur et eaux-fortes *(epuisé)*.

Il reste quelques exemplaires à 40 francs.

LES VIGNETTES ROMANTIQUES

Histoire de la Littérature et de l'Art en 1830. 1 beau vol. in-4°, orné de 150 vignettes, par CÉLESTIN NANTEUIL, TONY JOHANNOT, DEVÉRIA, JEANRON, ÉDOUARD MAY, JEAN GIGOUX, CAMILLE ROGIER, ACHILLE ALLIER, et suivi d'un Catalogue complet des romans, drames, poésies, ornés de vignettes de 1825 à 1840.

Sur papier teinté, **50 fr.**; sur papier de Hollande, **100 fr.**

Plus d'une étude a été tentée sur cette singulière époque de 1830, pleine de flamme et de fumée, qui donna naissance à tant d'hommes, dont les cris de combat ébranlaient la littérature et l'art classiques avec la prétention de réformer l'histoire, la poésie, le roman, le théâtre, la peinture, le costume.

On remplirait toute une bibliothèque de brochures pour ou contre la doctrine, de monographies sur les principaux chefs du mouvement; mais jusqu'ici l'art et la critique n'avaient pas éclairé ces discussions esthétiques.

Il fallait, pour remplir une pareille tâche avec une

incontestable autorité, un homme ayant connu les anciens combattants du romantisme et bien en situation de marquer le point culminant de leur campagne d'affranchissement et de régénération intellectuelle et sociale en même temps. En indiquant à grands traits les péripéties de cette

période de luttes et de rêves ardents et généreux, M. Champfleury a étudié de près les petits maîtres de 1830, les Devéria, les Johannot, Célestin Nanteuil, Jean Gigoux, Camille Rogier, Louis Boulanger, etc., qui avaient répondu à l'appel de leurs amis Victor Hugo, Alexandre Dumas, Balzac, Alfred de Vigny, Théophile Gautier, Petrus Borel, etc.

Malgré l'abondance et la variété des matières, M. Champfleury a encore agrandi son sujet en étudiant l'avant-garde du romantisme conduite par les derniers troubadours, l'influence anglo-germanique, les cénacles de 1830, les salons, le courant qui entraînait dans le mouvement les femmes de l'époque, les sectes auxiliaires jacobines, républicaines, humanitaires, reflux du romantisme, enfin le mouvement

dans les grands centres de province en faveur de la « jeune école ».

Ce volume offre en outre aux amateurs et aux collectionneurs l'attrait de la reproduction des vignettes passionnées de plus de cent ouvrages romantiques.

Une Bibliographie de tous les livres ornés d'eaux-fortes et de bois des bons faiseurs complète cet important travail, qui peut être classé au nombre des plus importantes publications d'art moderne.

Les *Vignettes romantiques* forment un beau volume in-4° de 500 pages, impression de luxe elzévir, sur papier anglais teinté, orné de 140 vignettes dans le texte et de 10 grandes planches hors texte, reproduisant en fac-similé les plus remarquables eaux-fortes de l'école romantique.

HENRY MONNIER, SA VIE, SON ŒUVRE

Avec un Catalogue complet de l'Œuvre et cent gravures fac-similé.
1 volume in-8°. Prix : **10** francs.

Ce volume, qui fait suite à l'*Histoire de la Caricature moderne*, bien qu'il soit tout à fait indépendant de la série des études du même genre, forme une splendide publication de luxe, destinée à mettre en pleine lumière la vie du célèbre caricaturiste et l'œuvre du créateur du type immortel de Joseph Prudhomme.

Il ne reste que peu d'exemplaires de cet ouvrage de M. Champfleury.

Nouvelles études sur l'art et la littérature romantiques

LE DRAME AMOUREUX DE CÉLESTIN NANTEUIL
PAR
CHAMPFLEURY

1re livraison complète tirée à 100 exemplaires numérotés et signés par l'auteur. — Prix : **3 fr. 50**.

CHAMPFLEURY

SOUVENIRS ET PORTRAITS DE JEUNESSE

Masques et travestissements. — Henry Murger. — Paysages et horizons. — Comédiens de province. — Courbet. — La ville des flûtes. — Le billard de la citadelle de Laon. — Baudelaire. — Aventures d'un agent de police. — La bohême. — Bonvin. — Amourettes. — Brumes et rosées. — Notes intimes sur Proudhon, Veuillot, Victor Hugo, Sainte-Beuve, etc.

Troisième édition. — 1 vol. in-18. Prix : **3 fr. 50**

CHAMPFLEURY

L'HOTEL DES COMMISSAIRES-PRISEURS

Dictionnaire à l'usage des connaisseurs qui ne s'y connaissent pas. — La porcelaine des Médicis, fragment des Mémoires du secrétaire d'un homme illustre. — Où la haine de Voltaire conduisit un collectionneur. — Le commissaire-priseur pincé. — Le faux obélisque. — Le collectionneur de chaussures. — Trouvailles de M. Bretoncel. — Soixante conseils aux amateurs qui fréquentent l'Hôtel Drouot, etc.

Un volume grand in-18. Vignette par ED. MORIN.

Prix : **3 francs.**

Paris. — Typ. Ch. UNSINGER, 83, rue du Bac.

www.ingramcontent.com/pod-product-compliance
Lightning Source LLC
Chambersburg PA
CBHW070545160426
43199CB00014B/2385